به نام خداوند جان آفرین

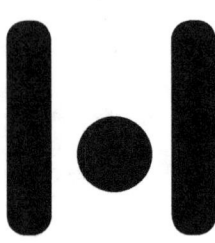

۱۰۱

ایده بازاریابی برای تولیدکنندگان و فروشندگان اطلاعات

دکتر شعبانعلی کوهستانی

شابک	: ۹-۲۵-۸۵۳۴-۶۰۰-۹۷۸
شماره کتابشناسی ملی	: ۴۵۹۰۰۱۳
عنوان و نام پدیدآور	: ۱۰۱ ایده بازاریابی برای تولیدکنندگان و فروشندگان اطلاعات/شعبانعلی کوهستانی.
مشخصات نشر	: تهران: نوآوران سینا، ۱۳۹۵.
مشخصات ظاهری	: ۱۴۸ص.
عنوان گسترده	: صدو یک ایده بازاریابی برای تولیدکنندگان و فروشندگان اطلاعات.
موضوع	: بازاریابی
موضوع	: Marketing
رده بندی دیویی	: ۶۵۸/۸
رده بندی کنگره	: ۱۳۹۵ ۴ص۹ک/HF۵۴۱۵
سرشناسه	: کوهستانی، شعبانعلی، ۱۳۵۰
وضعیت فهرست نویسی	: فیپا

○ ۱۰۱ ایده برای بازاریابی تولیدکنندگان وفروشندگان اطلاعات

○ نویسنده: دکتر شعبانعلی کوهستانی

○ طراح جلد و صفحه آرا: مونا قهاری

○ نوبت چاپ: اول- زمستان ۹۵

○ شمارگان: ۱۰۰۰ عدد

○ شابک: ۷-۱۶-۸۵۳۴-۶۰۰-۹۷۸

○ قیمت: ۲۰۰۰۰ تومان

○ چاپ: نقش ونشان

○ ناشر: نوآوران سینا (حقوق چاپ و نشر برای ناشر محفوظ است.)
تهران خیابان کارگر شمالی، خیابان نصرت، نرسیده به دکتر قریب، پلاک ۱۴۰، واحد ۱۹ | تلفن:۶۶۹۲۸۰۲۶
www.sinapub.com

این کتاب را تقدیم می‌کنم به

مادر و همسر عزیزم

و فرزندان نازنینم

سارا، رضا و زهرا

این کتاب هدیه می گردد به

آقا/خانم: . . . .

ازطـرف: . . . .

با تشکر و قدردانی از زحمات آقایان هادی آزاد، کاوش حسین تبار
و محمد حسین زرنگار

سلام دوست عزیز

انتشارات ما (نوآوران سینا) از سال ۱۳۸۷ با شماره پروانه ۸۶۴۸ با مجوز رسمی وزارت فرهنگ و ارشاد اسلامی شروع به فعالیت نموده است در سال ۱۳۹۳ با اخذ مجوز موسسه فرهنگی هنری هنر مهر ایده (هما) با شماره پروانه ۵۶۳۸ با هدف ارتقای سطح دانش وبینش عمومی واعتلای فرهنگ و هنر کشور-اشاعه فرهنگ و هنر اصیل ایرانی و اسلامی-تلاش برای نشر آرمانهای والای انقلاب اسلامی موفق به گسترش و توسعه فعالیت ها گردید. فعالیت های موسسه و انتشارات بر دو حوزه مهم نشر دیجیتال و نشر چاپی استواراست:

نشر مکتوب یا کاغذی

- مشاوره، تهیه، ترجمه، نشر و فروش کتاب های مکتوب و الکترونیک
- تهیه و تنظیم کتاب از تحقیقات علمی داخلی و خارجی چاپ دیجیتال کتاب در تیراژ پایین
- خدمات قبل از چاپ: ویراستاری، صفحه آرایی و طراحی جلد
- اختصاص شابک، دریافت فیپا و شماره کتابشناسی ملی ،مجوز ارشاد و اعلام وصول و ثبت اثر، دریافت مجوز انتشار کتاب
- خدمات چاپ: لیتوگرافی فیلم وزینک، چاپ افست تک رنگ و چهار رنگ، ریسوگراف، چاپ دیجیتال و صحافی.
- خدمات بعد از چاپ: سلفون مات و براق، یووی، صحافی چسب سرد و گرم، مفتول، سیمی، بسته بندی.
- خدمات تبلیغات، بازاریابی کتاب

نشر دیجیتال و آنلاین

- دریافت مجوز برای محصولات کتاب صوتی، کتاب دیجیتال (کتاب الکترونیکی)،

- پکیج های آموزشی در قالب صوت و تصویر، فیلم،جلسات کارگاهی آموزشی از مرکز فن آوری اطلاعات و رسانه های دیجیتال وزارت فرهنگ و ارشاد اسلامی.
- تهیه، تدوین و تولید و ترجمه محتوا، نشر نرم افزارهای: آموزشی، کاربردی، کودکان، مذهبی و تلفن همراه.
- ثبت نرم افزار در مرکز توسعه فناوری اطلاعات و رسانه های دیجیتال وزارت فرهنگ و ارشاد اسلامی و دریافت: گواهی ثبت، پروانه ی انتشار، مجوز تکثیر و هولوگرام.
- اخذ پروانه انتشار برای نرم افزارهای تولید و یا ترجمه داخلی و اخذ مجوز تکثیر برای نرم افزارهای خارجی ثبت شده.
- خدمات قبل از تکثیر: قفل گذاری و تأمین امنیت، طراحی روی سی دی و دی وی دی و قاب.
- خدمات تکثیر: رایت، چاپ دیجیتال و استمپری، چاپ لت قاب، چاپ جعبه و محافظ سی دی.
- خدمات بعد از تکثیر: تهیّه ی قاب، ایجاد پک.
- همکاری در پخش و فروش محصولات نرم افزاری شما.

خدمات ما ویژه اساتید و مدرسان گرامی شامل:

- صفحه آرایی، ویراستاری، طراحی جلد، دریافت مجوز کتاب و چاپ کتاب (صفر تا صد)، همچنین کمک در توزیع و پخش.
- اخذ مجوز کتاب (فیپا، شابک، مجوز ارشاد، اعلام وصول و ...).
- اخذ مجوز نشر دیجیتال برای محصولات صوتی، تصویری، کتاب الکترونیکی (ایبوک) و انواع فرمتهای دیجیتال رایج و ... .
- مشارکت در تولید محصولات آموزشی.
- برگزاری کارگاههای آموزشی با اخذ مجوز مربوطه.
- برگزاری سمینار در موضوعات مورد نیاز (طراحی، تبلیغات، اطلاع رسانی و اجرا).
- فیلم برداری و عکاسی و صدابرداری ویژه از کارگاه و سمینار مناسب تولید محصول.
- اختصاص مکان جهت برگزاری سمینار، کارگاه آموزشی و وبینار و ... .

مراحل و زمان بندی انجام چاپ کتاب:

پس از اخذ فایل کتاب ویراستاری، صفحه آرایی، اختصاص شابک و ارسال جهت ثبت کتابخانه ملی و فیپا که معمولا ۱۰ روزه انجام می گیرد. (ویراستاری، صفحه آرایی و

درخواست فیپا همزمان انجام می‌گردد). بعد از آماده شدن کتاب و اخذ فیپا کتاب شما جهت اخذ مجوز به ارشاد ارسال می‌گردد.

زمان اخذ مجوز از ارشاد:

برای کتابهای تخصصی ۲۴ الی ۷۲ ساعت و کتابهای روانشناسی و مذهبی بین یک هفته الی یک ماه و در موارد خاص بیشتر می‌باشد.

توجه: اخذ مجوز و تمام مراحل قانونی حتی برای چاپ تیراژ کم نیز انجام می‌گیرد.

تعدادی از مشتریان ما در زمینه چاپ کتاب:

- همکاری با سازمان ها، نهادها و ارگان های دولتی کشور
- همکاری با دانشگاه‌های دولتی و آزاد اسلامی(واحد علوم و تحقیقات)، دانشگاه علوم پزشکی تهران، تربیت مدرس، پیام نور، علمی و کاربردی
- همکاری با کتابفروشی و موزعین کتاب
- همکاری، برپایی و شرکت در نمایشگاه های تخصصی و عمومی کتاب
- همکاری با وزارت جهاد کشاورزی و سازمان جنگل ها و مراتع کشور
- همکاری با سازمان فن آوری اطلاعات
- همکاری با معاونت امور اجتماعی شهرداری تهران
- همکاری با قرارگاه خاتم الانبیاء قرب کوثر
- همکاری با دفتر محیط زیست سازمان ملل
- همکاری با انتشارات کتب دانشگاهی سمت
- همکاری با شورای شهر و شهرداری کرج
- همکاری با سازمان بسیج شهرداری تهران
- همکاری با مرکز تحقیقات استئوپروز
- همکاری با پژوهشگاه علوم غدد و متابولیسم
- همکاری با انجمن دندانپزشکی ایران
- همکاری با سازمان میراث فرهنگی و گردشگری
- همکاری با شبکه تحقیقات دیابت کشور
- همکاری با جامعه دامپزشکان ایران

- ▫ همکاری با کمیته سلامت و طب سنتی شورای شهر تهران؛
- ▫ همکاری با موسسه زیست یار انرژی؛
- ▫ همکاری با شرکت های پرورش داده ها، مسعود مارک، مطبخ آراء، درسان طب، بنیان دندان، الماس دندان و ... .

تعدادی از مشتریان در بخش نشر دیجیتال ما:

جناب آقای محمد پیام بهرام پور (مجوز کلیه محصولات دیجیتال)، آقای سعید محمدی (مطالعه شریف)، آقای فتاحی (مدیر ۳۶۰)، آقای حمید محمودزاده (کارزار و میلر لایت)، آقای حسین شیرمحمدی (مجموع کتاب ها)، آقای کاوش حسین تبار (وب سایت کارآفرین برتر) و آقای شایان شلیله (اینتورک) و ... .

لطفا جهت دریافت مشاوره در ساعات اداری با شماره ۲۶ ۸۰ ۹۲ ۶۶ - ۰۲۱ و ساعت غیراداری ۲۵ ۴۵ ۳۳۸ ۰۹۹۰ و ۰۹۱۲۱۵۹۴۷۵۴ تماس حاصل فرمایید.

وب سایت و پست الکترونیک مؤسسه: www.hooma.org - info@hooma.org
وب سایت و پست الکترونیک انتشارات: www.sinapub.com - info@sinapub.com

کانال اینستاگرام موسسه: hooma.co
کانال اینستاگرام انتشارات: sinapub

آیا از روش های پر قدرت معرفی و بازاریابی محصول اطلاعاتی (کتاب و محصولات دیجیتال و پکیج های صوتی و تصویری آموزشی) مطلع هستید؟

معرفی افراد به یکدیگر، این روش بسیار معتبرو فراگیر است که کمک می کند تلاش های شما نمایان شود و آثار شما مورد پسند دیگران واقع شوند. آنچه واقعاً نیازمند آن هستید برخورداری از یک اطلاعات ارزشمند است که وقتی به دست مخاطب می رسد ارزش معرفی کردن را داشته باشد.

به نظر ساده می رسد؟ خوب ساده است اما الزاماً فرایند آسانی نیست. چرا که وقتی وارد جزییات می شوید به سختی کار پی می برید. هرچند مفهوم کار به نظر ساده ست اما بخصوص در ابتدای کار نیازمند زمان و تلاش بسیار می باشد.

با این حال، با یک برنامه ی خوب، به نقطه ای خواهید رسید که طرفداران شما برای شما به نحوی بازاریابی می کنند که بر روی فروش شما تاثیر قابل ملاحظه ای خواهد داشت.

چطور شروع کنید؟

بهترین زمان برای طراحی و آغاز بازاریابی محصول اطلاعات، زمانی است که حتی شما شروع به تهیه و نوشته نکرده‌اید. شما به زمان نیاز دارید تا خواسته ها و نیازهای استفاده کننده‌های خود را بشناسید و بتوانید ارتباطی مستمر با آنها داشته باشید و طرفداران متعصبی در اطراف خود گرد آورید که برای آثار شما شور و هیجان به پا کنند.

حتی در زمان تهیه محصولات نیز به این فرایند جذب مخاطب ادامه دهید چرا که در این صورت زمانی که محصولات شما که همچون فرزند شما می باشد، متولد می شود، شما از قبل، از مخاطبینی مشتاق و علاقه مند برخوردار هستید.

اگر فرایند تهیه محصولات اطلاعاتی به اتمام رسیده باشد، چه؟

حتی اگر محصول شما آماده باشد، نیازی به نگرانی نیست. فقط برای اینکه فروش خوب را نیاز به تجربه زمان بیشتری می باشد.

بنابراین، بهتر است سال هایی که برای تهیه نگارش، ویرایش، و عرق ریختن برای آماده کردن این محصول صرف شده اند را فراموش کنید و تنها به این فکر کنید که محصول شما، اثری ارزشمند است که ارزش معرفی را دارد.

گام بعدی ارائه ی اثرتان و به اشتراک گذاشتن آن با افراد دیگر است. به نکات کلیدی زیر توجه داشته باشید:

- بر روی معرفی محصول و کشف اثرتان تمرکز داشته باشید. کار شما ارزشمند است، بنابراین لازم است کمک کنید تا مخاطبان آن را دریابند و از آن بهره ببرند.
- مسئولیت بازاریابی و معرفی محصول خود را بر عهده بگیرید. حتی اگر هم قسمتی از کار بیرون سپاری شود، موفقیت شما وابسته به اقدامات اساسی خود شما است.
- بازاریابی و معرفی محصول تنها بخشی از اساس کار شما است. برای دستیابی به موفقیت بهتر، روش های معرفی شده که در زیر آورده شده اند را با هم ترکیب کنید.

در زیر به ۱۰۱ روش برای معرفی و بازاریابی محصول اطلاعاتی اشاره شده است. باید توجه داشته باشید که امکان دارد تمام این روش ها برای تمام تولید کننده ها کارایی نداشته باشند، بنابراین روش هایی را انتخاب کنید که برای کار شما معقول به نظر می رسند، بعلاوه امکان دارد طی این فرایند، ایده های بهتر و جدیدتری نیز به ذهن خود شما خطور نماید.

محصول خود را همچون یک متخصص خبره معرفی و بازاریابی کنید.

۱. دلیل خود را توضیح دهید:

شما بایستی برند سازی شخصی انجام دهید و برند سازی کار بسیار زمان بر و در مدت زمان بسیار طولانی حاصل می گردد. نویسنده رمان هری پاتر جی کی رولینگ زمانی که رمان خودش را نوشت با سعی و تلاش فراوان و مذاکره با یازده ناشر مختلف موفق به چاپ کتاب خودش نشد ولی وقتی بعد از چاپ کتابش و استقبال خوب از طرف خوانندگان و مردم روبرو گردید برند سازی شکل گرفت و رسانه ها و مطبوعات برای استفاده از برند

هری پاتر شروع به مصاحبه و گفتگو با ایشان نمودند تا بیشتر رسانه خودشان را مطرح کرده و همراه برند هری پاتر گردند. پس می توان گفت که در برندسازی شخصی مردم به سمت شما می آیند و شما به عنوان صاحب اثر در ابتدا نیاز ندارید به سوی مردم بروید مثلاً در دنیای هنر کیا رستمی اصغر فرهادی کار شایسته ای انجام دادند و مردم به سراغ آنها آمده و برند شخصی آن ها شکل گرفت. و این مسئله در مورد دیگر نویسندگان و تولید کنندگان اطلاعات نیز صادق است.

مثال دیگر شرکت مدیر سبز با مدیریت ژان بقوسیان است ایشان محصول کارخانه داران اطلاعات را ارائه دادند و با استقبال دست اندرکاران و علاقمندان این حوزه روبرو شده و بعد از آن برند ژان بقوسیان شکل گرفت.

شما بایستی فلسفه ی اصلی خود را مطرح نموده و به این فکر کنید چطور می خواهید شناخته شوید؟ چه چیزی باعث می شود که نسبت به دیگران متفاوت باشید؟ پیامی که احساس می کنید باید با جهان به اشتراک بگذارید چیست؟ در نتیجه برای برند سازی شخصی بایستی صبوربود.

۲. مقصد خود را تعیین کنید:

خیلی مهم است که سه هدف (تجاری، خانوادگی و شخصی) خود را مکتوب بنویسید.شما بایستی بنویسید چرا موفق شدن برای شما اهیمت ویژه ای دارد. شما بایستی همیشه جواب این سه سوال را بنویسید اکنون کجا هستم؟ به کجا میخواهم بروم؟ برای رسیدن به هدفم باید کارهایی انجام دهیم؟

اینکه بدانید مقصد نهایی شما کجا است، اولین گام به حساب می آید. اهداف شما چیست؟ مخاطبان شما چه کسانی هستند؟ برنامه های بلند مدت و کوتاه مدت شما چه هستند؟

۳. در مورد مخاطب های خودتان تحقیق کنید و آنها را بشناسید:

شناخت از خواننده و استفاده کنندگان از محصولات شما باید دقیق و کامل باشد. سن، جنسیت، درآمد، تحصیلات، علایق، نیازها، ارزش ها و اهداف آن ها چیست؟ چه کسی می تواند به شما کمک کند که به آن ها دسترسی داشته باشید؟

این یکی از الزامات معرفی و بازاریابی محصول اطلاعاتی است که اگر به درستی انجام شود مطمئناً ادامه ی فرایند را آسان تر خواهد کرد. باید بدانید محصول شما مورد پسند چه کسانی است و با آن ها چه به صورت حضوری و یا اینترنتی در ارتباط باشید.

همه استفاده کنندگان یک علاقه مشترک دارند: آن ها می خواهند محصولاتی استفاده کنند که در حد امکان ساده و قابل فهم باشد. آن ها با اینکه دقت و ظرافت را ارج می نهند ولی اولین خواسته آن ها این است که نکته اصلی گزارش و روندی که برای رسیدن به آن طی کرده اید، برایشان قابل فهم باشد. از این رو، تصور اینکه خوانندگان به لطف راهنمایی شماست که در این مسافرت شرکت می کنند خالی از فایده نخواهد بود. آن ها می خواهند با تکیه بر مقدمه شما قدم اول را درست بردارید و بدانند به کجا می روند و چرا شما ایشان را آنجا می برید، در این سفر به چه پرسشی پاسخ می دهید و کدام مشکل علمی یا عملی را برطرف می کنید.

۴. در مورد بازار و نوع و گروه محصول خود تحقیق کنید:

رقابت بازاری را بشناسید. واژه های مرتبط با کارتان را در اینترنت جستجو کنید و ببینید، به چه چیزهایی دست پیدا می‌کنید. در مورد نویسنده های مورد علاقه تان که در گروه شما فعالیت دارند، مطالعه کنید و ببینید چه کارهایی را انجام می دهند و چه کارهایی را انجام نمی‌دهند. می توانید از راهکارهای آن ها بهره بگیرید.

یکی از بهترین راههای جستجو از طریق گوگل به این شکل است که ابتدا در جستجوی خود کلمه چگونه و بعد موضوع محصول خود را وارد کنید و مهمترین کلماتی که جستجو کنندگان در ارتباط محصول شما جستجو می کنند یافت شده و شما می توانید در جریان موضوعات مطرح در مورد محصول خودتان اطلاعات کسب کنید.

۵. بودجه ی مورد نظر خود را تعیین کنید:

چقدر می خواهید برای بازاریابی و معرفی محصول خود هزینه کنید؟ تمام هزینه ها را در نظر داشته باشید.

بودجه بازاریابی؛ وجود برنامه مشخص در بازاریابی محصول شما هدف ایجاد می نماید، بودجه بازاریابی به شما کمک می نماید تا قدم های عملی برای دستیابی به این اهداف را درست بردارید. حال چقدر باید برای بازاریابی هزینه کنید؟ و در کجا باید هزینه ها صورت پذیرد؟

چه مواردی در بودجه بندی بازاریابی وجود دارد؟

بودجه بازاریابی به طور عام هزینه های تبلیغات، ترفیعات و روابط عمومی را پوشش می دهد. میزان بودجه بازاریابی نسبت به اندازه کسب و کار، فروش سالانه و میزان رقابت متفاوت می باشد. بسته به نوع صنعت و بازار، بودجه بازاریابی می تواند حداقل یک درصد از فروش تا حداکثر ۳۰ درصد متغیر باشد. شرکت ها و مؤسسات جدید التأسیس ممکن است تا ۵۰ درصد از فروش برای برنامه های بازاریابی مقدماتی در سال اول فعالیت خودشان اختصاص دهند. مدیر یک کسب و کار کوچک ممکن است تلاش کند این هزینه را فقط برای رقابت با رقبای مشخص خود صرف نماید.

عناوین بودجه بازاریابی شامل موارد ذیل می گردد:

۱. طراحی و هزینه های چاپ برای تمام مواد چاپ، از قبیل تبلیغات ،خبرنامه ها، روزنامه ها، مجلات، و منتشر شده در مطبوعات، هزینه های پست مستقیم

۲. چاپ و پخش تبلیغات

۳. روابط عمومی

۴. ایجاد وب سایت

۵. معرفی محصول

۶. هر روش خاص مورد نیاز دیگر

۶. برای فرایند بازاریابی خود یک طرح و برنامه خلق کنید:

این مرحله را نادیده نگیرید. قصد دارید چقدر زمان وقف پایه گذاری و معرفی محصول خود کنید؟ کدام روش های بازاریابی را در ابتدا دنبال می کنید؟ اهداف شما چیست و چگونه آن ها را ارزیابی می کنید؟

فرآیند بازاریابی شامل مراحلی است که یک بازاریاب باید آنها را به‌خوبی فرا بگیرد. برای این منظور قبل از انجام مراحل بازاریابی باید آموزش های کافی در خصوص شیوه های مذاکره را آموخته باشد.

بطور خلاصه فرآیند بازاریابی از شناسایی (شناخت محصول یا خدمات، محصولات و... و نیز شناخت بازار هدف شامل: مشتریان، رقبا و...)، شناساندن (معرفی محصول، معرفی خدمات و محصولات قابل عرضه به مشتریان) و در نهایت کسب بالاترین رضایتمندی از مشتری، را شامل میشود.

بنابراین پس از شناسایی کامل خود و مشتریان در بازار هدف باید مراحل بازاریابی را به شیوه زیر انجام دهیم:

الف. تعیین مشتری واجد شرایط

اولین مرحله فرآیند بازاریابی، مشتری‌یابی است و این به معنای تعیین مشتریان بالقوه واجد شرایط در بازارهای هدف ما می باشد. هر بازاریاب برای جذب یک مشتری می‌باید با مشتریان بالقوه زیادی تماس بگیرد. باید بدانیم که فقط درصدی از مشتریان بالقوه، به مشتریان بالفعل تبدیل می‌شوند.

ب. ارتباط مقدماتی

قبل از تماس حضوری با یک مشتری بالقوه، حداکثر اطلاعات ممکن راجع به سازمان خریدار و خریداران ذینفع را به دست آوریم.

اطلاعات راجع به سازمان خریدار، شامل نیازهای سازمان و افراد دخیل در امر خرید است و اطلاعات راجع به خریداران شامل خصوصیاتٍ و سبک خرید آنها می باشد. بازایاب باید قبل از هرگونه تماس با مشتری، اهداف خود را دقیقاً روشن سازد. وظیفه بعدی تصمیم درباره شیوه تماس است. تماس ممکن است به صورت ملاقات حضوری صورت گیرد یا با تلفن یا ارسال نامه یا ایمیل. تعیین وقت و مکان ملاقات بسیار مهم است، زیرا فراغت بسیاری از مشتریان در بعضی اوقات و مکان ها محدود است. و بالاخره این‌که بازاریاب باید برای فروش به هر یک از مشتریان، خط‌مشی خاصی را در پیش بگیرد . باید بدانیم که پیش بینی نیازها و سوالاتی که مشتری ممکن است از ما در ذهن داشته باشد (فراهم کردن اقلام مورد نیاز برای مذاکره قبل از ورود به مذاکره)، می تواند درصد جذب مشتری را در اولین مذاکره، افزایش دهد.

پ. ارتباط حضوری

بازاریاب در مرحله ارتباط و مراجعه حضوری باید به چگونگی ملاقات (محل، زمان، افراد حاضر در جلسه و...) و احوال‌پرسی اولیه (شروع مذاکره)، اهمیت زیادی بدهد، زیرا برخورد اولیه، شروع خوبی است برای ایجاد یک رابطه بلندمدت با مشتری. در این مرحله، ظاهر بازاریاب، جملات آغازین و نوع بیان مطالب، از اهمیت ویژه‌ای برخوردار است.

ت. ارائه و معرفی خدمات و محصولات

مزایا، فواید و صرفه‌جویی‌های ناشی از استفاده از آن نیز برای خریدار شرح داده می‌شود. اگرچه بازاریاب به توضیح درباره ویژگی‌های کالا می‌پردازد، اما توجه اصلی او باید به مزایا و منافعی معطوف باشد که خرید کالا برای مشتری در بر دارد.

ث. بررسی انتقادات

مشتریان تقریباً همیشه در طول مدتی که محصول و خدمات معرفی می‌شود یا زمانی که آن را سفارش می‌دهند ایرادات و انتقاداتی دربارهٔ محصول مطرح می‌کنند. مشکل مشتریان می‌تواند هم منطقی و هم روانی باشد و اغلب هم درباره مشکلات سخنی به‌میان نمی‌آید. بازاریاب در برخورد با این ایرادات باید رک و صریح باشد. او وظیفه دارد شنونده خوبی باشد.

بازایاب باید به طوری رفتار کند که خریدار احساس کند مسایل مطرح کرده را به خوبی شنیده ایم و با تکرار شکایت از زبان خودمان، مشتری میفهمد که پیامش بطور کامل دریافت شده است.

ج. دریافت سفارش خرید

در این مرحله بازاریاب باید تلاش کند تا سفارش خرید محصول را دریافت کند عدم تشخیص زمان مناسب برای کسب تأییدیه دریافت خرید و انعقاد قرارداد فروش از جمله مسائل و مشکلات بازاریابی است.

ح. ارجاع مشتری و پیگیری

قصد بازاریاب اطمینان از رضایت مشتری و تکرار خرید او و وفا دار کردن مشتری میباشد. بنابراین بلافاصله پس از دریافت سفارش خرید، جزئیات فروش در مورد زمان تحویل کالا، شرایط خرید و سایر موضوعات باید به واحد فروش ارجاع داده شود و از فرایند فروش به مشتری توسط فروشنده اظمینان حاصل نماید. مشتریان خاص باید در چند مرحله از خرید مورد حمایت و توجه بازاریاب باشند.

۷. وب سایت حرفه ای خودتان را خلق کنید:

بر روی وب سایت خودتان سرمایه گذاری کنید. در وب سایتی که ایجاد می کنید اطلاعاتی کلی در مورد خودتان بنویسید تا خواننده ها تا حدودی با شما آشنا شوند.

شش دلیل را که در اینجا عنوان می کنیم در واقع از دلایل ابتدائی اهمیت وب سایت شما می باشد.

دلیل اول اهمیت وب سایت

وجود وب سایت، اعتبار شما را افزایش می دهد.

وب سایت تائیر قوی بر اعتماد مشتری های بالقوه دارد. یک طراحی حرفه ای، متن مناسب با توشتار خوب، اطلاعات مقید از محصولات و اطلاعات تماس مناسب باعث افزایش اعتماد مشتریان به شما می شود. به مردم می فهماند که شما دارای دانش و به روز هستید. اگر شما در طراحی یک سایت با کیفیت و دارای اطلاعات مفید هزینه کنید، مردم حتماً تحت تاثیر قرار خواهند گرفت.

دلیل دوم اهمیت وب سایت

وب سایت باعث می شود شرکت یا مؤسسه شما در هر زمان و از هر مکان قابل دسترس باشد.

تا آوریل سال ۲۰۰۲ میلادی، فقط در آمریکا، ۱۶۶ میلیون نفر از مردم روی خط بوده اند. برخی از آنها در جستجوی محصولات و خدمات شما هستند. با داشتن یک سایت وب، شما شرکت خود را برای دنیایی از فرصتها برای دسترسی مردمی که غیر از سایت شما راهی دیگر برای رسیدن به شما ندارند آماده می کنید. با کلیک ساده موس، هر کسی می تواند در ۷ روز هفته و ۲۴ ساعت شبانه روز به شرکت شما دسترسی داشته باشد.

دلیل سوم اهمیت وب سایت

وجود وب سایت سهولت ارجاع مشتریان جدید به شرکت یا مؤسسه شما را فراهم می کند.

برای بسیاری از تجارتها، یک منبع حیاتی برای یافتن مشتریان جدید، ارجاع سایرین است. داشتن وب سایت این امکان را فراهم می کند که مردم به راحتی سایت شما را به دیگران ارجاع دهند. آدرس وب سایت راحت تر از شماره تلفن به خاطر می ماند به علاوه دادن راه های مختلف تماس با شما به مردم، امکان برقراری تماس را بیشتر می کند.

دلیل چهارم اهمیت وب سایت

وب سایت یک ابزار قوی فروش است.

فروش محصولات از طریق یک فروشگاه اینترنتی یک راه بسیار عالی برای افزایش فروش است. شما یک ویترین دائمی و سهل الوصول که هزینه آن خیلی کمتر از یک فروشگاه فیزیکی است دارید ضمن اینکه مردم بیشتری امکان دسترسی به آن را دارند. وجود اطلاعات فروش موثر در وب سایت شما، امکان وادار شدن مردم به کلیک روی دکمه خرید را افزایش می دهد. هرچند که شما از طریق اینترنت نتوانید فروش انجام دهید، وب سایت شما یک سرمایه مهم است. وب سایت شما یک شروع برای متقاعد کردن بازدید کنندگان به نیاز آنها به محصولات شما می باشد. شما آنها را برای خرید تحریک می کنید سپس از آنها دعوت می کنید که با شما تماس بگیرند.

دلیل پنجم اهمیت وب سایت

وب سایت باعث افزایش ارزش تبلیغات شما می شود.

اضافه کردن آدرس وب سایت در تبلیغات، کارت تجاری و امضاء شرکت، یک راه خوب برای جلب مشتری به شرکت یا مؤسسه شما است. داشتن آدرس سایت به مردم کمک می کند که هر زمان که در مورد شما می شنوند و یا تبلیغات شما را می بینند، به پیام شما عکس العمل نشان دهند. مراجعه به وب سایت شما راحت تر از نوشتن نامه یا رفتن به مغازه یا حتی تلفن زدن به شما است.

مردم اطلاعات شما را به راحتی دریافت می کنند و نیازی نیست برای دیدن آقای فروشنده صبور بوده و همچنین بازدید از وب سایت خیلی راحت است چون هیچ مغذوریتی وجود ندارد و بازدید کنندگان تحت فشار نیستند.

دلیل ششم اهمیت وب سایت

وب سایت به شما کمک می کند با مشتریان بالقوه در ارتباط باشید.

مردم زیادی وجود دارند که به آنچه شما ارائه می کنید علاقمند هستند ولی ممکن است هم اکنون برای خرید آمادگی نداشته باشند. شما باید با آنها در ارتباط باشید تا زمانی که آنها برای خرید آمادگی یافتند، با خبر شوید. وب سایت یک روش عالی برای تسهیل این فرایند

است. شما می توانید از طریق وب سایت خود آدرس تماس مشتریان بالقوه را جمع آوری کنید. سپس می توانید به تناوب، نامه یا خبرنامه برایشان ارسال کنید. در ارتباط ماندن با مردم به تازه ماندن شرکت یا مؤسسه شما در اذهان کمک می کند.

۸. برای خودتان کارت ویزیت طراحی کنید:

کارت ویزیت، اولین و مهمترین ابزاری است که برای بازاریابی و اطلاع رسانی باید تهیه کنید. شما کارت ویزیت خود را به مشتریان و مخاطبان احتمالی خود خواهید داد تا اطلاعات لازم برای تماس با شما را داشته باشند. همچنین می توانید آن را داخل نامه ها بیندازید یا به وسیله آن خودتان و کارتان را به دیگران معرفی کنید. همچنین اگر در روزنامه ها و پیک های محلی تبلیغات می کنید، کارت ویزیت شما می تواند یک کپی آماده برای صفحاتی باشد که تبلیغات افراد چاپ می شود.

مهم نیست که می خواهید چه استفاده ای از کارت ویزیت خود داشته باشید، مهم این است که این کارت باید کاملاً خوانا، حرفه ای، و جذاب باشد و به مشتریان و مخاطبان کمک کند به خاطر بیاورند که شما که هستید، شغل شما چیست و چطور و چگونه با شما تماس داشته باشند.

اعمال همه موارد فوق روی یک مقوا که طول و عرض آن فقط ۸,۲ سانتیمتر در ۴,۸ سانتیمتر می باشد، کار چندان ساده ای نیست، اما قابل انجام است. به هر حال در زیر برای هر چه بهتر شدن کارت ویزیت شما توصیه هایی داریم که توجه به آن بسیار حائز اهمیت است:

توصیه های برای طراحی و چاپ کارت ویزیت:

- به هیچ وجه برای طراحی کارت شخصاً اقدام نکنید. حتماً برای طراحی کارت به یک گرافیست حرفه ای و با تجربه مراجعه کنید.

- داشتن یک آرم یا لوگو کمک شایانی برای زیبایی و جهت دهی به طرح های کارت ویزیت و سایر اقلام چاپی شما خواهد کرد.

- در طراحی کارت ویزیت خود از فونت درشت و کاملاً خوانا استفاده کنید، تا برای همه افراد قابل خواندن باشد.

- یک کارت ویزیت کاملاً خلوت طراحی کنید. اگرچه کارت ویزیت شما به صورت چهاررنگ چاپ می شود، ولی دلیلی وجود ندارد که در آن از همه رنگ ها استفاده کنید.

- در یک کارت ویزیت از یک زبان استفاده کنید.

- کارت ویزیت یکرو استانداردتر از کارت ویزیت دورو است. مخاطب شما پس از گرفتن کارت ویزیت یکروی شما، می تواند سایر اطلاعات مورد نیازش را پشت آن بنویسد.

- کارت ویزیت خود را در ابعاد استاندارد طراحی و چاپ کنید. نگهداری و حمل کارت

ویزیت با ابعاد بزرگتر از استاندارد برای مخاطب کار مشکلی است، چون در آلبوم، در جاکارتی و یا در جیب به راحتی قرار نمی گیرد.

▫ از ارائه توضیحات بیش از حد در کارت جداً خودداری کنید. (کارت ویزیت شما فقط یک کارت ویزیت است، نه یک تراکت تبلیغاتی)

▫ مشخصات تماس خود را کامل بنویسید.

▫ در کنار تلفن ثابت خود، کد شهر را هم ذکر کنید تا تماس از سایر شهر ها یا با تلفن همراه با شما، آسان تر باشد.

▫ اگر تلفن همراهتان را در کارت ویزیت می نویسید، نام خود را کنار آن بنویسید، تا مخاطب پس از تماس بداند که با چه کسی صحبت می کند.

▫ آدرس خود را کاملاً دقیق و گویا بیان کنید، تا مراجعه حضوری به شما به سهولت انجام پذیرد.

▫ اگر واقعاً ایمیل خود را مرتباً چک می کنید، آن را در اطلاعات تماس بیاورید.

▫ داشتن یک وب سایت و ذکر نام آن در کارت ویزیت یک مزیت است.

▫ نوع کارت ویزیت خود را از نظر جنس و مشخصات چاپ، متناسب با شغل خود انتخاب کنید. به عنوان مثال کارت ویزیت کتان برای شرکت ها و کارت ویزیت مات برای فروشگاه ها مناسب تر است.

▫ کارت ویزیت شما معرف شخصیت شماست. پس حتماً کارت ویزیت خود را هر نوع که هست، با بهترین کیفیت چاپ کنید.

- ◼ کارت ویزیت خود را در جعبه نگهداری کنید. بسته بندی سلفونی (شیرینگ)، پس از باز شدن، موجب پخش شدن و ریزش تعداد زیادی از کارت ها به اطراف و در نتیجه موجب حیف و میل شدن و از بین رفتن آن می شود.

- ◼ از طراح کارت خود بخواهید، نکات اشاره شده در دستورالعمل طراحی را در طراحی کارت ویزیت شما رعایت کند، تا کارت با کیفیتی را از چاپخانه دریافت کنید.

۹. خلاقانه عمل کنید:

از مضمون محصول دیجیتال یا کتاب، محیط و زمان انجام فرایند بهره بگیرید تا الهام بخش عمل کنید. طوفان ذهنی داشته باشید و از شرکت ها، متخصص ها، سازمان ها و گروه هایی که در حوزه ی کاری شما فعالیت دارند، برای تکمیل این فرایند، بهره بگیرید.

به عبارتی هر چیز پیشنهادی جهت عرضه (محصول، ایده، پروژه) فروش تلقی می‌شود و ضروری است پیشنهاد با ارزشی جهت فروش آنان داشته باشد.

پیشنهاد با ارزش جهت فروش جمله کوتاهی است که با شفافیت، فوایدی را که مشتری

بالقوه با استفاده از محصول، خدمات یا فکر شما به دست می‌آورد عنوان می‌کند، این جمله گویش فروش را آنقدر آسان می‌کند که مشتری به راحتی جلب آن می‌شود و آن را به خاطرمی‌سپارد.

این جمله الزاماً می بایست به روش مخصوصی عنوان شود؛ زیرا توصیف آسان خصوصیات و توانایی‌های پیشنهاد به تنهایی کافی نیست. عنوان پیشنهاد می بایست دقیقاً روی آنچه مشتری می‌خواهد و جهت آن ارزش قائل است، تمرکز کند. مشتری می‌خواهد مشکلاتش را حل کند، راه‌حل‌های موجود را بهتر شدن بخشد، زندگی بهتری داشته باشد، بدست آوردن وکاری بهتر، وسیع‌تر و با سرعت زیادتری انجام دهد.

خلق یک پیشنهاد با ارزش جهت فروش یک روش سودمند بازاریابی است که موارد استفاده وسیع‌تری از بازاریابی محصول دارد. در انتها با استفاده از این ابزار مشتری می بایست به این جمله برسد: «بله، این جهت من مناسب است!»

مشتری می‌پرسد: «چرا من میبایست این محصول را بخرم؟» و پیشنهاد با ارزش فروش شما می بایست به این پرسش به اختصار جواب دهد. راز خلق یک پیشنهاد با ارزش فروش خوب این است که محصول یا ایده خود را به خوبی بشناسید و بدانید که به چه طریق با رقیبان خود مقایسه می‌شود و رقابت می‌کند؛ از تمام قابل توجه‌تر جهت جواب به این پرسش ها خود را به جای مشتری بگذارید.

پیشنهاد با ارزش فروش می‌تواند با جواب گام به گام به مجموعه‌ای از پرسش‌ها تبدیل شود. با جواب به این پرسش‌ها، اجزای خلق یک پیشنهاد با ارزش فروش را در اختیار خواهید داشت که به این پرسش مشتری جواب می‌دهد:«چرا من می بایست این محصول یا این فکر خاص را بخرم؟»

گام اول: مشتری خود را بشناسید.

با نگاهی به جایگاه مشتری‌تان، این پرسش ها را از خود بپرسید:

۱. او کیست؟ شغلش چیست و به چه چیز احتیاج دارد؟

۲. دنبال چه بهتر شدنهایی است؟

۳. ارزش‌های او چیست؟

نکته قابل توجه: اگر نمی‌دانید، بپرسید!

اگر دوباره این پرسش‌ها را از خود بپرسید، به آسانی می‌توانید حدس بزنید مشتری چه می‌خواهد و در کجا دچار اشتباه شده‌اید. پس مقداری پژوهش‌ها بازار انجام دهید: با پرسش مستقیم از مشتریان، یک پرسش گروهی یا یک نظرسنجی به آسانی این کار قابل انجام است. «پژوهش‌ها بازار» فقط ویژه مشتریان بیرونی نیست و جهت بازارهای دیگر هم مؤثر است این مساله بستگی به محصول یا فکر شما دارد، بازار شما ممکن است کارمندان، همکاران یا حتی همسر شما باشد.

گام دوم: محصول، خدمات یا فکر خود را به خوبی بشناسید

از نظر مشتری شما:

- به چه طریق محصول، خدمات یا فکر، مسأله من را حل می‌کند یا پیشنهادی جهت بهتر شدن دارد؟

- چه مزیت‌ها ونتایج شگرفی عرضه می‌کند؟

نکته: با عدد و رقم صحبت کنید. جهت جلب هر چه سریع‌تر دقت مشتری در این دنیای اقتصاد محور، جهت عرضه پیشنهاد با ارزش فروش میبایست با عدد و رقم صحبت کنید: مشتری شما چقدرسود مالی یا بهتر شدن به دست خواهد آورد؟ بهره‌وری مشتری چقدر افزایش می‌یابد؟ راه‌حل پیشنهادی چه مقدار ایمن‌تر، درخشان‌تر، سریع‌تر و کارآتر خواهد بود؟ و مواردی نظایر آن

گام سوم: رقیبان خود را بشناسید

به فکر کردن از دیدگاه مشتری خود ادامه دهید و بپرسید: به چه طریق محصول یا فکر شما از رقیبان خود ارزش یا مزیت زیادتری به وجود می‌آورد؟

نکته: این کار بسیار سخت است.جهت بدست آوردن مهارت در این زمینه می‌توانید از ابزارهایی نظیر تحلیلUSP، تحلیل مزیت‌های رقابتی و روش تحلیل SWOT استفاده کنید.

گام چهارم: تا آنجا که می‌توانید پیشنهاد خود را جهت مشتری جذاب کنید.

گام نهایی این است که تمام مطالبی را که تا به حال جهت جواب به پرسش قابل توجه مشتری‌تان: «چرا من می‌بایست این محصول یا فکر خاص را بخرم؟» آماده نموده‌اید، جمع‌آوری کنید و در دو یا سه جمله جواب دهید:

تلاش کنید با استفاده از نظر مشتری عبارت زیر را کامل کنید (اعداد و استفاده از ارقام در جواب فراموش نکنید زیر فوق‌العاده قابل توجه هستند):

«من می‌خواهم این محصول یا فکر را بخرم؛ زیرا که می توانید...»

«قابل توجه‌ترین ارزش‌های این پیشنهاد فروش عبارتند از...»

«این محصول یا فکر از محصول‌های یا افکار رقیبش بهتر است، زیرا ...»

گام پنجم: تمام اطلاعات و نتایج را جمع‌آوری کنید

۱۰. شرح حال نویسنده را ذکر کنید:

یک شرح حال که به طور مختصر در مورد نویسنده و اهداف او توضیحاتی می دهد، بنویسید. می توانید در ۲ یا ۳ پاراگراف کوتاه اما به یاد ماندنی این شرح حال را بنویسید به طوری که در خاطر خواننده هایتان طنین انداز شود.

نوشتن زندگی‌نامه هر نویسنده یک رمان جذاب است

زندگی‌نامه نویسی در ایران ژانر کم رونقی محسوب می‌شود، اما نمونه‌های نگاشته شده زندگی‌نامه‌ها نشان داده است که اگر این سنت کم رونق ادبی در جامعه ما فراگیر شود، آثار قابل توجه و شاخص بسیاری تولید خواهد شد. یکی از نمونه‌های موفق زندگی‌نامه در ایران کتاب «شما که غریبه نیستید» اثر هوشنگ مرادی کرمانی است، مرادی کرمانی با انتشار این اثر تحولی در زندگینامه نویسی به عنوان ژانری ادبی ایجاد کرده است. این کتاب شاید نخستین اثری باشد که در آن نویسنده ای ایرانی توانسته است با نوعی فاصله گرفتن

از خود و با نگاهی از فراز به خود، اثری ادبی به وجود آورد. هوشنگ مرادی کرمانی درباره کودکی‌اش چنان با فاصله نوشته است که انگار درباره کودکی به نام «هوشو» بدون هیچ نسبتی نوشته است.

«شما که غریبه نیستید» زندگی‌نامه خودنوشت هوشنگ مرادی کرمانی است،که به شیوه ای بدیع نگاشته شده. چه شد که در ۶۰ سالگی اقدام به نگاشتن زندگی‌نامه خود کردید؟

خوب، ۶۰ سالم شده بود و در کتاب «روزهای اسلامی» اثر ندوشن خوانده بودم که بهترین زمان برای نوشتن زندگی‌نامه ۶۰ سالگی است، چرا که فرد از یک طرف در ۶۰ سالگی نه آنقدر پا به سن گذاشته است که وقایع را فراموش کند و هنوز رگه‌های جوانی و حافظه به خوبی کار می‌کند و هم اینکه آنقدر جوان نیست که به خودنمایی و خودستایی خاص دوران جوانی بپردازد. علاوه بر آن یک روز با پسرم در بهشت زهرا بودم، به او گفتم همه این‌هایی که اینجا خوابیده‌اند، می‌توانند یک رمان خوب از زندگیشان بنویسند، چون هر کدام زندگی متفاوتی دارند، آرزوهای زیادی داشته‌اند، رنج‌های بسیاری کشیده‌اند، شادی‌های گاه و بیگاهی داشته‌اند، به شرط اینکه صداقت داشته باشند و از زندگی و از مردم بنویسند، می‌توانند رمان‌های خوبی را به نگارش درآورند.

پسرم پرسید: چرا خودت نمی‌نویسی؟ نشستم و خودم را تکاندم و تمام زندگی‌نامه‌ام را نوشتم، حاصل کار نیز موفقیت‌آمیز درآمد. به باور بسیاری کمتر زندگی‌نامه‌ای است که در ایران آنقدر خوانده شود، حتی از این بابت کتاب برگزیده نهاد کتابخانه‌های عمومی کشور شده است و در ۱۰ سال اخیر بیشترین مراجعه را در کتابخانه‌های عمومی کشور داشته است.

۱۱. دام خود را طرحی کنید:

لازم است بتوانید یک متن به طور مثال ۴۰۰۰۰ کلمه ای را در چند جمله‌ی کوتاه، چشم‌نواز و صریح بیان کنید.

در اینجا چند نمونه از تله های که برای ما طراحی شده و نشان می دهد چگونه ما را در تصمیم گیری دچار اشتباه می کند را به عنوان مثال می آوریم:

تله مهار لنگر: تکیه بیش از حد روی اولین فکرمحققان از گروهی از مردم خواستند که به این سوالات پاسخ دهند. "آیا جمعیت کشور ترکیه بیش از ۳۵ میلیون نفر است؟ بهترین برآورد شما چیست؟" جوابهای داده شده این گروه خیلی بالاتر از ۳۵ میلیون نبود. همین سوال برای گروهی دیگر مطرح شد، اما این بار از عدد ۱۰۰ میلیون شروع شد. اگرچه اعداد هر دو گروه مطلق بودند، اما در گروه ۱۰۰ میلیون، بیشک، ارقامی بسیار بالاتر از ۱۰۰ میلیون ارائه شد. (این هم جواب برای کنجکاوی شما) درس: نقطه شروع تفکر میتواند با تعصبی شدید بروی، برداشت های اولیه، ایده ها، برآوردها و یا اطلاعات اثر بگذارد و افکار بعدی را مهار کند. این تله در هنگامی که عمداً از آن استفاده میشود، بسیار خطرناک است. مثلا فروشندگان با تجربه، در ابتدا کالای گران تر را بشما عرض می کنند و قیمت بالاتر را در ذهن شما مهار می کنند، این قیمت در ذهن شما لنگر می اندازد و گیر می کند.

تله غرق در هزینه: محافظت از انتخاب اول

شما یک بلیط، غیر قابل برگشت، یک مسابقه بسکتبال را سفارش و پرداخت می‌کنید. در شب بازی، خسته هستید و کولاک شدیدی هم در بیرون وجود دارد. از خرید بلیط پشیمان هستید زیراکه، بیتعارف، ترجیح می‌دهید در منزل جلو بخاری دیواری لم دهید و بازی را از طریق تلویزیون تماشا کنید. حال چه می‌کنید؟ احتمالا، اعتراف سخت است، عاقلانه‌ترین تصمیم، ماندن در خانه است. پول بلیط که خرج شده، چاره‌ای نیست: این یک هزینه غرق شده است و نباید تأثیری روی تصمیم عاقلانه شما داشته باشد.

تله اطلاعات ناقص: فرضیات خود را بررسی کنید

هری مرد درون گرایی است. می خواهیم در مورد شغل او حدس بزنیم. فروشنده یا کتابدار؟ شما کدام شغل را احتمال بیشتری می‌دهید؟ البته شواهد بیانگر این است که تقریباً و قطعاً او یک کتاب دار است. آیا در اینجا شرایط شخصیتی او، ما را مجبور به این نکرد که گزینه فروشنده بودن او را فراموش کنیم؟ اینگونه استدلال بسیار اشتباه و یا حداقل، ناقص است

این نتیجه‌گیری ندیده گرفتن این واقعیت است که احتمال فروشندگی او هم یک درصد است. اگر شما از شخصیت او چیزی نمی دانستید شاید فقط یک درصد امکان این را می‌دادید که او کتاب دار باشد. این نشان دهنده این است که اگر حتی کتاب داران افراد درون گرایی

باشند با این حال، امکان دارد که یک درصد از فروشندگان، که شاید هری هم جزو آنان باشد، درون‌گرا باشند.

این فقط یک نمونه از این است که اشراف به شواهد ساده چگونه می‌تواند موجب گمراهی کامل ما می‌شود. ما با استفاده از تصاویر ذهنی خود و ساده کردن واقعیات، قبل از هرگونه به چالش کشیدن فرضیات مان و دسترسی به اطلاعات کافی، نتیجه‌گیری می‌کنیم.

تله انطباق: همه این کار را می کنند

در یک سری تحقیقات از گروهی از دانشجویان، برای اطمینان از جواب های صحیح، چندین سوال ساده پرسیده شد. از گروهی دیگر از دانشجویان هم همان سوالات پرسیده شد ولی عمداً بازیگرانی هم در آنها، به وسیله محققین، ادغام شده بودند، که جواب غلط به سوالات بدهند. این بار، بسیاری از دانشجویان بر اساس هدایت اشتباه از این گروه بازیگران، پاسخ‌های اشتباه ارائه دادند. این غریزه، بخواهیم یا نخواهیم، در درجات مختلف در همه ما موجود است. ما می ترسیم که در جمع احمق و گنگ شناخته شویم. در نتیجه اقدامات جمع بروی ما شدیداً تأثیرگذار است. اشتباه کردن به همراه جمع، زیاد به چشم نمی‌آید ولی مسئول این اشتباه فقط خود ما هستیم. در رفتار جمعی همواره یک فشار مضاعف وجود دارد.

از این گرایش در تبلیغات سؤاستفاده بسیار می‌شود. اغلب محصولات، نه بر اساس ویژگی‌های خود، بلکه بر اساس محبوبیت آنها به فروش می‌رسند. چون دیگران می‌خرند چرا من نخرم؟ انطباق یکی از دلایل اصلی پرفروش ترین کتاب است. این امر کمک به قفل شدن تفکر جمعی برای مدتی طولانی می‌کند. مردم دوست دارند آنچه را که دیگران مصرف می‌کنند، مصرف کنند.

۱۲ . لحظات مهم مرتبط به فعالیت خود را با دیگران به اشتراک بگذارید:

لحظات مهم را به اشتراک بگذارید تا قدرت تسلط خود بر کارتان را بهبود بخشید. تصاویر و ویدیوهای مرتبط با سخنرانی ها، مراحل کتاب نویسی و یا آموزش کتاب نویسی خود و یا مراحل تولید پکیج های آموزشی کتاب صوتی و فیلم آموزشی را با دیگران سهیم شوید. برای این کار می توانید از وب سایت خود و یا شبکه های اجتماعی بهره بگیرید.

حال مثالی برایتان نقل می کنم مشغول ضبط برنامه پکیج آموزشی کتاب نویسی بودم که یکی از اساتید وارد دفتر کارم شد. برای احوال پرسی لحظه ای دست از کار کشیدم دوستم برای رفع خستگی ما روایتی از محمد غزالی (کیمیایی سعادت) برای ما نقل کرد که آنرا برای شما بازگو می کنم.

روزی حضرت عیسی (ع) از صحرایی می گذشت. در راه به عبادت گاهی رسید که عابدی در آنجا زندگی می کرد. حضرت با او مشغول سخن گفتن شد.

در این هنگام جوانی که به کارهای زشت و ناروا مشهور بود، از آنجا گذشت. وقتی چشم اش به حضرت عیسی (ع) و مرد عابد افتاد، پایش سست شد و از رفتن باز ماند. همان جا ایستاد و گفت: خدایا من از کردار زشت خویش شرمنده ام. اکنون اگر پیامبرت مرا ببیند و سرزنش کند، چه کنم؟! خدایا عذرم را بپذیر و آبرویم را مبر.

مرد عابد تا آن جوان را دید سر به آسمان بلند کرد و گفت: خدایا! مرا در قیامت با این جوان گناه کار محشور نکن. در این هنگام خداوند به پیامبرش وحی فرمود که به این عابد بگو:

ما دعایت را مستجاب کردیم و تو را با این جوان محشور نمی کنیم، چرا که او به دلیل توبه و پشیمانی اهل بهشت است و تو به دلیل غرور و خودبینی، اهل دوزخ!

۱۳. با بهترین تولیدکنندگان محتوا و محصولات آموزشی که در زمینه شما فعالیت دارند در ارتباط باشید:

وب سایت آن ها را بررسی کنید، برای آن ها نظر بگذارید، از طریق ایمیل و دیگر رسانه ها با آن ها در ارتباط باشید، برای مثال برای آن ها بنویسید که، "کار آن ها به شما انگیزه داده است،" تا شما نیز شناخته شوید.

برای مثال دراین قسمت کتاب مدیر شرکت مدیر سبز آقای ژان بقوسیان که در برنامه صندلی داغ کارآفرینی موسسه فرهنگی هنری هنر مهر ایده (هما) شرکت داشتند معرفی می شود:

برای راه اندازی یک کسب و کار اینترنتی و از همه مهمتر موفقیت و ثبات آن، بیشتر به دانش و مهارت نیاز داریم تا ابزار و تکنیت و سایت، آنچه مهم است این دانش اگر از نوع ایرانی، کارآمد و اجرا شده در دهها پروژه موفق باشد قطعا ما را به موفقیت، ثبات و پیشرفت خواهد رساند.

آقای ژان بقوسیان سال هاست که در زمینه های آموزش مدیریت، کارآفرینی، کسب و کار، بازاریابی و فروش، تحقیق و پژوهش می کند، تألیف و ترجمه چندین کتاب پرفروش، ده ها سمینار و همایش موفق و تولید منابع فراوان آموزشی نشان از تجربه و تبحر این استاد بازاریابی دارد.

در سایت مدیر سبز امکانات و منابع آموزشی فراوانی به صورت رایگان و نسخه های آموزشی وجود دارد از مقالات تألیف یا ترجمه شده گرفته تا پادکست و فیلم کلاس ها و همایش ها، اگر به درآمد اینترنتی پایدار فکر می کنید شک نداشته باشید که به دانش روز تجارت الکترونیک، بازاریابی و فروش نیاز مبرم دارید، به شما پیشنهاد می کنیم با سایت ارزشمند مدیر سبز و این مشاوره خوب در ارتباط باشید.

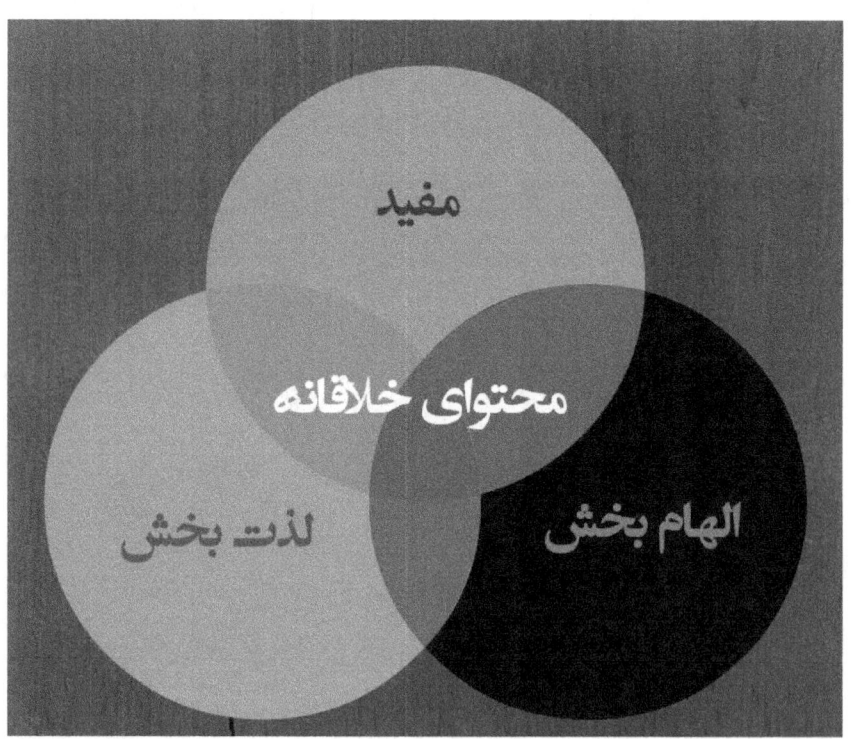

۱۴. در حوزه ی خودتان متخصص باشید:

تنها یک فعالیت باعث نمی شود که شما در یک حوزه کارشناس شوید بلکه انجام کارهای کوچک بسیاری است که به شما این فرصت را می دهند تا به عنوان یک متخصص شناخته شوید، که برخی از آن ها عبارتند از: تدریس، سخنرانی، ایجاد بلاگ، پاسخگویی به پرسش های مخاطبان در فروم ها و دیگر بلاگ ها.

گام های زیر می تواند کسب تخصص شما در زمینه ها را شتاب ببخشد.

شناسایی الگوهای که در رشته و تخصص شما موفق هستند بطور مثال اگر درزمینه تدریس و استادی فعال هستید افراد موفق این رشته: آقایان محمود معظمی دکتر آزمندیان، دکتر حلت، مجتبی حورایی و دکتر فرهنگ می توانند الگوهای موفق خوبی برای کسب تجربه شما باشند. این مهم است که چه متخصصانی توسط افراد هم سطح یا سرپرستان مورد تمجید قرار گرفته اند؟ از چه کسی می خواهید الگو برداری کنید؟

شما لازم است شکاف بین افراد موفق و خودتان را ارزیابی کنید. این مورد به خود-ارزیابی جدی احتیاج دارد. این که برای این تغییر به چه کارهایی نیاز دارید، و آیا اصلا آماده این کار هستید یا خیر؟ اگر پی برده اید که شکاف دانش تان نسبتا کوچک است، این موضوع می تواند به شما اعتماد به نفس بدهد. اما اگر متوجه شده اید که شکاف بسیار بزرگی وجود دارد، با نفس عمیق و در نظر گرفتن این نکته که عزم و شجاعت حل آن را دارید، این شکاف را کم کنید.

روی تخصص خود بررسی را شروع کنید. به طور خاص اگر شکاف دانشی بین شما و کارشناسان در حوزه جدید بسیار زیاد است، به این فکر کنید خودتان چه کاری می توانید برای خاتمه دادن به این شکاف شروع کنید. به عنوان مثال، مطالعه فردی صحبت با همکاران و احتمالا دوره های آموزشی آنلاین می تواند به شما در این زمینه کمک کند.

یک روش مهم این است متخصصان را برای اشتراک گذاری دانش ترغیب کنید. بسیاری از افراد از این درخواست استقبال خواهند کرد. به ویژه زمانی که وظیفه خود را انجام داده و دانش پایه را داشته باشید. اما ممکن است برخی افراد به دلایل احتمالی مانند کمبود وقت و یا ترس از این که پس از کسب تخصص به جایگاهی (بالاتر از آن ها) برسید، در مقابل این موضوع مقاومت نشان دهند. این واکنش ها عمدتا به شخصیت و فرهنگ سازمانی بستگی دارد. این مورد را می توانید با تمرکز بر این که کمک شما چه نفعی به آنها می رساند، تقویت کنید. ممکن است وظایف مشخص و تکراری را برعهده بگیرید که برای آنها خسته کننده و برای شما جدید باشند. اگر این متخصصان در سازمان تان هستند، بخش مدیریت ممکن است به هرگونه سرمایه گذاری که آن ها در توسعه استعداد افراد صرف می کنند، پاداش بدهد. با توجه به این که تعهد زمانی می تواند در کمترین سطح باشد، شما می توانید فرصت های کوتاهی را برای پرسیدن سوال های خود از آنها پیدا کنید.

یاد بگیرید که دانش را پیش ببرید. شما برای یادگیری و جذب دانش باید ترکیبی از ویژگی هایی مثل پرنده شکاری و دقت دید بالا مثل عقاب داشته باشید. انتظار نداشته باشید که کارشناسان به صورت نکته وار مهم ترین قسمت های انجام کار را به شما توضیح دهند. این اتفاق غیر ممکن است (زیرا آنها زمانی این نکات را به خاطر می آورند که با آن مواجه می شوند)، و شاید توهین آمیز جلوه کند (اگر نکته آسانی برای گفتن وجود داشته باشد، دانش آنها ارزش زیادی را نشان نخواهد داد) و برای هر دو شما خسته کننده باشد

(چرا که درس‌های ارائه شده معمولا کمتر در واقعیت عملی می شوند.) در عوض، دو سوال مهم برای بهره گیری دانش آنها بپرسید: چرا؟ (دلیل این کار) و آیا می توانید مثالی ذکر کنید؟

کارشناسان را در حین انجام کار تحت نظر بگیرید. مشاهده متمرکز معمولا نسبت به مصاحبه اثربخشی بیشتری دارد، زیرا به شما نشان می دهد که آنها در واقعیت چگونه فکر کرده و عمل می کنند. با اجازه آنها سعی کنید در جلسات مهم شرکت کرده و در کنفرانس و یا دیدار با مشتریان همراه آنها باشید و در حل مسائل نیز آنها را کمک و همراهی کنید. این کار با فرآیند انفعالی تفاوت دارد و شما به طور مداوم از خودتان می پرسید: چرا او این کار را انجام داد؟ تاثیر این اقدام چه بود؟ آیا باید به گونه ای متفاوت آن را انجام می دادم؟ پس از آن چند دقیقه ای به پرس و جو با آنها ادامه دهید. حتی اگر در طول قدم زدن برای پارک خودرو باشد.

به دنبال تجربه های کوچک باشید. مرحله بعد،، شناسایی فرصت ها به منظور تجربه برخی از روش های محدود، محیط، موقعیت ها و نقش هایی است که تخصص های با ارزشی را برای سازمان ایجاد کرده اند. ممکن است نتوانید در دفتر تماس شرکت خود عملکرد عالی مدیر فروش را تقلید کنید، اما می توانید به طور مشخص روزهایی را به بخش تماس اختصاص دهید. هر تجربه کوچک به شما این امکان را می دهد که درک عمیقی از زمینه کاری متخصص را کسب کنید و آگاهی از قضاوت های آنها نیز به شما دید بیشتری می دهد. حتی اگر چیزی (دانشی) نیز به شما اضافه نشود، می توانید سوال های بهتری بپرسید و یا دانش خود را به طور موثر جلو ببرید.

گزارش کارهای انجام شده و یادگیری شما، تلاش و پیشرفت را نشان می دهند. اما در عمل اگر بتوانید در برخی از قسمت های کوچک، از تخصص افرادی که تمایل به کنار گذاشتن آن دارند - پیشی بگیرید، حتی بهتر خواهد بود. ممکن است در کنفرانس یا جلسه ای شرکت کنید، دوره هایی را در خانه بگذارنید، بنابراین گزارشی از آن ها تهیه کنید.

یکی از مهمترین روش های متخصص شدن در یک زمینه مطالعه کاربردی کتب و بسته های آموزشی رشته مورد علاقه شماست شما بایستی تمام کتب اختصاصی را تهیه و زیر نظر

استاد مجرب تجربه آموزی کنید شرکت در کلاس ها و دوره های رقبا و اساتید کمک شایانی به شما خواهد داشت.

۱۵. رسانه ها را دنبال کنید:

با رسانه ها در ارتباط باشید و آن ها را از وجود محصولات و کتاب هایی که نوشته اید و چاپ شده است یا قرار است بنویسید آگاه کنید.

چگونه با حضور در رسانه ارتباطات اجتماعی خود را افزایش دهیم

همه ما شخصیت‌هایی داریم که دوست داریم آن را حفظ کرده یا پیشرفتش دهیم. برای نشان دادن خود واقعی‌تان باید از ته قلب تان حرف بزنید.

۱۰ روش لیست کرده‌ایم که شما می‌توانید برای استفاده هوشمندانه از رسانه های اجتماعی آنلاین از آنها استفاده کنید.

۱. قصد و نیت خودتان را بدانید.

محققان هفت دلیل روانشناختی را برای استفاده از رسانه‌های اجتماعی مطرح کرده‌اند: تصدیق، توجه، تأیید، تحسین، ادعا، اطمینان و همگانی بودن. قبل از اینکه چیزی در این رسانه‌ها به اشتراک بگذارید از خودتان سوال کنید: آیا به دنبال این هستم که دیده شوم یا تأییدم کند؟ آیا برای برآوردن این نیاز کار سازنده‌تری نیست که بتوانم انجام دهم؟

۲. خودِ واقعی‌تان باشید.

همه ما شخصیت‌هایی داریم که دوست داریم آن را حفظ کرده یا پیشرفتش دهیم. برای نشان دادن خود واقعی‌تان باید از ته قلبتان حرف بزنید. در رسانه‌های اجتماعی درمورد

چیزهایی صحبت کنید که واقعاً برایتان مهم هستند. اگر نیاز به حمایت دارید، تقاضا کنید. وقتی با خودتان صادق باشید، راحت‌تر می‌توانید از زمان حال استفاده کنید

۳. اگر می‌خواهید مطلبی به اشتراک بگذارید، همیشه اول از خودتان بپرسید: حرف درستی است؟ لازم است؟ مثبت است؟

گاه در رسانه‌های اجتماعی فکرهایی را بدون اینکه توجه کنیم چه تاثیری ممکن است بر مخاطبین شما داشته باشد، به اشتراک می‌گذاریم. به سادگی ممکن است فراموش کنید که چه تعداد دوست مجازی دارید که مطالبتان را می‌خوانند. دویست نفر را اگر یکجا جمع کنید، جمعیت قابل‌توجهی می‌شود اما در حالت مجازی و آنلاین این عدد به نظرتان بی‌اهمیت می‌رسد. قبل از اینکه مطلبی را در اینترنت به اشتراک بگذارید، از خودتان بپرسید آیا ممکن است کسی از این مطلب آسیب ببیند؟

۴. با محبت در رسانه‌ها پاسخگو باشید.

هرازگاهی در صفحه توییترم از دیگران سوال می‌کنم که «امروز برای کمک کردن به شما کاری از دستم برمی‌آید؟» این یک راه ساده برای نشان دادن محبت در رسانه‌های اجتماعی است البته بدون اینکه چیزی در مقابل انتظار داشته باشید. با کمک کردن به یک غریبه، امکان ارتباط نزدیک با دوستان مجازی را پیدا خواهید کرد.

۵. امروز تجربه کنید، بعداً به اشتراک بگذارید.

گرفتن یک عکس با تلفن‌همراهتان و آپلود کردن در اینستاگرام یا فرستادن آن برای دوستانتان کار ساده‌ای است. ولی این توجه شما را به آن تجربه در آن زمان محدود می‌کند. همچنین صمیمیت شما را هم کمتر می‌کند زیرا مخاطبین زیادی را در تجربه‌تان شریک می‌کنید. همانطور که دوست دارید گفتگوهای درونی‌تان را کمتر کنید تا بتوانید از زمان حال بیشتر لذت ببرید، همین کار را هم باید با گفتگوها و به اشتراک‌گذاری‌های اینترنتی‌تان انجام دهید.

۶. فعال باشید نه واکنشی.

ممکن است بخاطر همه بروزرسانی‌هایی که در رسانه‌های اجتماعی‌تان صورت می‌گیرد، ایمیل دریافت کنید یا گوشی همراهتان تمام اینها را به شما گزارش دهد. این مجبورتان می‌کند زمان زیادی در روز را به این فکر کنید که به فلان پست یا نظر جواب بدهید یا نه.

رویکرد دیگری که می‌توانید داشته باشید این است که خودتان انتخاب کنید که کی وارد بحثی شوید و از زمانی که آفلاین هستید برای تقویت جنبه‌های دیگر زندگی‌تان استفاده کنید.

۷. با توجه کامل پاسخگو باشید.

خیلی‌ها بدون اینکه مطلبی را خودشان بخوانند آن را به اشتراک می‌گذارند یا بعد از یک نگاه گذرا به یک مطلب درمورد آن نظر می‌گذارند. اگر بزرگترین هدیه‌ای که می‌توانیم به کسی بدهیم توجه‌مان است، رسانه‌های اجتماعی به ما این امکان را می‌دهند تا سخاوتی نامحدود در این زمینه داشته باشیم. البته شاید نتوانیم پاسخ همه را بدهیم اما با فکرشده جواب دادن تغییر شگرفی ایجاد خواهیم کرد.

۸. از رسانه‌های اجتماعی در موبایلتان کمتر استفاده کنید.

تحقیقی در سال ۲۰۰۹ نشان داده است که ۴۳ درصد از کاربران گوشی‌های همراه چندین بار در روز از اینترنت بر روی تلفن‌های همراه خود استفاده می‌کنند. محققان این را توجه جزئی مستمر نامیده‌اند: وقتی به طور مداوم برنامه‌ها را اجرا می‌کنید تا مطمئن شوید چیزی از نظرتان دور نمانده است. اگر تصمیم دارید که دسترسی خود به تلفن همراه را محدود کنید، شاید از خیلی خبرهای مجازی بی‌خبر بمانید ولی از اتفاقاتی که جلو چشمتان می‌افتد غافل نخواهید شد.

۹. فراموش کردن را تمرین کنید.

شاید نادیده گرفتن بعضی به روزرسانی‌ها نامهربانانه باشد، اما بعضی وقت‌ها لازم است برای مهربان بودن با خودمان وقت بگذاریم. به خودتان فرصت دهید که جریانات دیروز را فراموش کنید. با این روش، دیگر لازم نخواهد بود که خودتان را وقف همه بروزرسانی‌هایی کنید که از روی آن گذشته است.

۱۰. از رسانه‌های اجتماعی لذت ببرید!

این‌ها فقط پیشنهادهایی هستند که به شما کمک می‌کنند در زمان استفاده از رسانه‌های اجتماعی هدف‌مند عمل کنید و به هیچ عنوان اصول قطعی نیستند. غریزه خود را دنبال کنید و از این رسانه‌ها لذت ببرید. اگر وقتی تکنولوژی در دسترس شما نیست بتوانید هوشمندانه عمل کنید، وقتی در دسترس شما باشد هم همین طور رفتار خواهید کرد.

۱۶. در مجامع شرکت کنید:

در مجامع یا گرده همایی هایی که احساس می کنید به نحوی وجه مشترکی با موضوع فعالیت شما دارند شرکت کنید، چرا که این کار می تواند بسیار تاثیرگذار باشد و مخاطبان بالقوه ی بسیاری را جذب آثار شما کند. خودتان و آثارتان را در این گرده همایی ها معرفی کنید.

چرا باید عضو انجمن‌های علمی شد؟

اصولاً کار داوطلبانه کردن و شرکت در فعالیت‌های اجتماعی، امری است پسندیده و مطلوب که بیشتر از اجتماع برای خود انسان سودمند است. ما باید زندگی را یاد بگیریم و جایی بهتر و مناسب‌تر از انجمن‌های علمی وجود ندارد. انجمن علمی و فعالیت‌های دانشگاهی غیررسمی و غیراجباری و به همین دلیل غیراجباری بودن لذت‌بخش است.

نکته دیگه اینکه در زمینه زندگی اجتماعی، سالیان درازی ما را به تک نفره کار کردن شهره کرده‌اند و هرگاه هم خواسته‌ایم کار گروهی انجام دهیم اگر نگوییم غیرممکن ولی با دشواری بسیار توانسته‌ایم آن را به پایان برسانیم. در فعالیت‌های گروهی تمرین اعتماد به نفس، همکاری، گذشت و اشتراک هدف نهفته است.

دانش کسب شده از این طریق، به دانشگاه و دیگر اطرافیان منتقل شده و موجی از یادگیری و یاددهی ایجاد می گردد. ما باید در فعالیت‌های گروهی شرکت کنیم زیرا انسانیم و انسان نیز موجودی است اجتماعی که برخی قوای او تنها در زندگی اجتماعی فعال می شود و به بار می نشیند.

پس ما در انجمن‌های علمی گروهی فعالیت می کنیم زیرا هم ما برای زندگی خود بدان نیازمندیم و هم اجتماع از ما انتظار دارد که افراد لایقی برای حفظ دانش مکتوب آن باشیم و این لیاقت مگر در فعالیت‌های اجتماعی نظیر فعالیت در انجمن‌های علمی گروهی فراهم نمی آید.

بطور مثال انجمن های تولید و صادر کنندگان نرم افزار گرد هم آمده و اتحادیه تولیدکنندگان و صادرکنندگان نرم افزار ایران در جهت سازماندهی و قانونمند کردن تولید و صادرات نرم افزار و به منظور تنظیم بازار و بهبود وضع اقتصادی مؤسسات، شرکتها و اشخاص حقیقی تولید کننده، صادرکننده و ارائه کننده خدمات نرم افزاری و استاندارد سازی نرم افزار های رایانه ای وهمچنین سیاست های دولت جمهوری اسلامی ایران در جهت توسعه صادرات غیر نفتی کشور اتحادیه صادرکنندگان نرم افزار ایران در مهرماه سال ۱۳۸۰ تحت پوشش اتاق بازرگانی و صنایع و معادن ایران را تشکیل داده اند. این اتحادیه به عنوان تنها تشکل متمرکز در خصوص تولید و صادرات نرم افزار کشور از زمان تاسیس خود حرکتی آرام و رو به جلو نسبت به سال های گذشته داشته است. از مهم ترین دستاوردهای حاصله در طول این سال ها می توان به برگزیده شدن صادرکننده نمونه سال ۱۳۸۳ و ۱۳۸۴ در صنعت نرم افزار کشور، کمک به شرکت ها برای حضور مناسب و پررنگ در نمایشگاه های فن‌آوری اطلاعات در منطقه، برگزاری نشست های بازرگانی بین شرکت‌های ایرانی و خارجی، کمک به ارزشیابی محصولات نرم افزاری کشور، تعامل با بانک‌های تخصصی فعال در حوزه صادرات کشور، برگزاری نمایشگاه های تخصصی با همکاری سازمان‌ها و دستگاه‌های دولتی اشاره کرد.

انجمن نویسندگان کودک و نوجوان تشکلی مردم‌نهاد و غیرانتفاعی با تابعیت ایرانی و شخصیت حقوقی مستقل است که در سال ۱۳۷۷ با هیئت مؤسسی مرکب از نه نویسنده‌ی حوزه‌ی کودک و نوجوان تأسیس شد.

پس از گذشت هجده سال، تعداد اعضای انجمن به مرز پانصد عضو رسیده است. اعضای انجمن داستان‌نویس، شاعر، مترجم، روزنامه‌نگار، منتقد و پژوهشگر هستند و در حوزه‌ی کتاب، ادبیات و فرهنگ کودک و نوجوان فعالیت می‌کنند.

انجمن نویسندگان کودک و نوجوان فراگیرترین تشکیلات در حوزه‌ی کودک و نوجوان ایران است.

از انجمن های فعالی دیگر در حوزه نویسندگی می توان به انجمن نویسندگان ورزشی و انجمن نویسندگان ادبی تهران که می توانید از طریق جستجوی اینترنتی در جریان فعالیت‌های آنها قرار بگیرید.

۱۷. برای فعالیت هایی که قرار است در شبکه های اجتماعی انجام دهید، برنامه ریزی کنید:

اجازه ندهید شبکه های اجتماعی تمام وقت شما را تلف کنند. برای فعالیت های خود در شبکه های اجتماعی زمان و برنامه تعیین کنید.

نتیجه برنامه داشتن در اداره شبکه های اجتماعی مثل اینستاگرام، فیس بوک، گوگل پلاس، تویتر و...، تعامل و درگیر شدن مشتریان شما با محتوا و دیگر کانال های شما مثل وب سایت شما شده، وفاداری را تشویق می‌کند و درنهایت منجر به فروش می‌شود. در کوتاه مدت مشتریان شما ممکن است برخی از بخش‌های محتوا منتشرشده توسط شمارا به اشتراک بگذارند و نظراتی را برای پست های شما منتشر کنند برای رسیدن به این مرحله، پاسخگویی به این سه سؤال قبل از هزینه کردن از منبع زمان و سرمایه مادی خود مهم است:

۱. با برنامه ای که دارم در پی دستیابی به چه هدفی هستم؟ مهم‌ترین موضوع انتخاب هدف است که یکی از مهمترین ویژگی‌هایی آن قابل‌دستیابی بودن است. البته در حوزه شبکه‌های اجتماعی تقریباً می‌توان گفت اهداف زیادی برای برنامه ریزی در شبکه‌های اجتماعی قابل‌تصور نیست. تعدادی از مهم‌ترین این اهداف را در زیر می‌بینیم:

- - تقویت سایت در موتورهای جستجو (SEO)
- ارتباط برقرار کردن با مشتریان
- - اطلاع رسانی در رابطه با برند یا باورهایی مشخص در رابطه با برند
- - کاهش هزینه‌ها در رابطه با رسانه‌ها یا خدمات مشتریان
- - افزایش فروش محصول و خدمات

۲. به دنبال جذب چه افرادی هستم؟ پاسخ به این سؤال تا حد بسیار زیادی به شما کمک می‌کند تا مشخص کنید که کدام‌یک از شبکه‌های اجتماعی متناسب با نوع کسب وکار شما بوده و باید بر روی آن حضورداشته باشید، چرا اگر در یک شبکه اجتماعی فعالیت کنید و مخاطبین با شما تعاملی در آنجا نداشته باشند، یا اصلاً مخاطبین مورد نظر شما در آن حضور نداشته باشند، دلیل موجهی نمی‌تواند برای حضور شما در آنجا و صرف هزینه مادی و زمانی قابل‌ارائه باشد. در غیر این صورت اگر شبکه‌ای پیدا نمی‌کنید که مخاطبین موردنظر شما در آن فعالیت داشته باشند و محتوای شما را بخوانند یا آن را به اشتراک بگذارند، بهترین راه یافتن وبلاگ نویسانی که وبلاگ آن‌ها توسط گروهی از مخاطبین موردنظر شما

خوانده‌شده و موردتوجه قرار می‌گیرد، تا از این طریق (انتشار محتوا خود بر روی وبلاگ آن‌ها) قادر به معرفی خود به مخاطبین موردنظر و هدف خود باشید.

۳. از افرادی که جذب کرده ام انتظار چه بازخوردی را دارم؟ همچنان که می‌دانید کاربران شبکه‌های اجتماعی تنها به منظور ارتباط با دوستان خود در این شبکه‌ها حضور دارند و خیلی کمتر دنبال شرکت‌ها و برندها و تعامل با آن‌ها یا محتوا آن‌ها هستند؛ از طرفی به مرور زمان میزان دیده شدن محتوای شما در خوراک خبری کاربران این شبکه‌ها در حال کم و کمتر شدن است.بنابراین تنها حضور در شبکه‌های اجتماعی برای توجیه کردن هزینه‌های این حضور داشتن کافی نیست. باید دقیقاً مشخص کنید که از آن‌ها چه انتظاری نسبت به این فعالیت دارید؟ در مرحله بعد باید مشخص کنید که چگونه آن‌ها باید این انتظار را برآورده کنند و چرا چنین انتظاری از آن‌ها دارید؟ به‌عنوان‌مثال، مثلاً ممکن است بخواهید مشتریان شما محتوای شما را به منظور بالاتر رفتن رتبهٔ شما در موتورهای جستجو یا افزایش فروش شما به اشتراک بگذارند، آیا اگر آن‌ها اصلاً محتوا شمارا نبینند، این دیده شدن محتوای شما توسط آن‌ها ارزش استفاده از تبلیغات گران‌قیمت در شبکه‌های اجتماعی را دارد؟ به‌طور خلاصه باید گفت که شما باید اهداف خودتان، مخاطب هدف و کاری که می‌خواهید انجام دهید را به‌خوبی بشناسید و استراتژی خود را بر روی آن متمرکز کنید.

۱۸ . فهرست مخاطبان پست الکترونیکی (E-mail) خود را خلق کنید:

از افراد دعوت کنید تا به مخاطبان شما بپیوندند و برای آن ها مطالب مفید و جالب توجه ارسال کنید. از این فهرست مخاطب هوشمندانه بهره بگیرید و بازخورد مخاطبان خود را ارزیابی کنید تا در هنگام ارائه ی کتاب و محصول الکترونیکی، بهترین نتیجه را بگیرید.

۷ دلیل مهم برای ایجاد لیست ایمیل مخاطبین

۱. ایجاد ارتباط با خوانندگان وب سایت

دلیل اصلی برای ساخت یک لیست ایمیل، ایجاد ارتباط با خوانندگان وب سایت شما می باشد. اما قبل از اینکه افراد تصمیم به خرید چیزی از طریق وب سایت شما بگیرند، آنها باید در مورد شما بیشتر بدانند و به شما اعتماد کنند. (چه محصولات شما و یا محصولات و خدمات وابسته) این لیست به شما اجازه می دهد که با آنها در تماس باشید و این شانس را نیز به مخاطبین شما خواهد داد.

۲. ارتباط با بازار مورد هدف شما

نه تنها اقدام به ایجاد ارتباط با مشترکان خود می نمایید بلکه شما نیز به مخاطبین هدفمندتان متصل خواهید شد. این موضوع بدان معنی است که هنگامی که شما یک لیست از ایمیل ها ایجاد می کنید، می توانید از افراد بپرسید که تمایل به یادگیری چه مسائلی دارند و یا با چه مشکلاتی مواجه هستند و به چه مواردی علاقمند می باشند.

۳. افراد به سمت وب سایت شما باز می گردند

فهرست ایمیل مخاطبین همچنین به شما اجازه می دهد تا بازدیدکنندگان را به سایت تان هدایت و جلب نمایید. چقدر از وقت تان را در حال گشت و گذار در وب هستید و در نهایت به یک وب سایتی که واقعاً جذاب و عالی است بر می خورید. اما نیم ساعت بعد نمیدانید که آن وب سایت در مورد چه بود و چگونه می توانید به آن بازگردید (مگر اینکه شما زمان زیادی در History مرورگر خود صرف کنید تا آدرس آن را پیدا نمایید، که هیچ کس این کار را نمی کند) با یک لیست ایمیل به طور مداوم می توانید هر چه بیشتر محتوا و مطالب مناسب که شامل بک لینک به وب سایت شما نیز هست، برای افراد ارسال نمایید.

۴. معرفی نام تجاری شما به عنوان متخصص

صحبت از محتوا و مطالب مناسب و عالی است... هنگام ترکیب با لیست، به شما اجازه می‌دهد تا نام تجاری خود را به عنوان یک متخصص ارائه نمایید. خوانندگان شما بارها و بارها توصیه های بزرگی با موضوعی خاص از طرف شما دریافت خواهند کرد. برای ایجاد اعتماد نیاز به ساخت یک کسب و کار اینترنتی پایدار و سودآور ضروری است.

۵. به راحتی به صورت خودکار عمل می کند

یکی از جنبه های مورد علاقه همه از ایجاد لیست ایمیل مخاطبین، این واقعیت است که این کار به آسانی به صورت خودکار عمل می‌کند. یک بار لیست ایمیل را تنظیم کرده و ترافیک به صفحهء وب سایت که دارای کادر ارائه ثبت‌نام رایگان محصول می باشد، هدایت می شود و سپس شروع به اضافه کردن پیام های ایمیل به پاسخگوی خودکار می شویم.

هر کدام از این مراحل را یک بار انجام خواهید داد و آن برای ماه ها و سال ها به طور خودکار انجام خواهد شد. باید بدانید گسترش لیست مخاطبین شما منجر به درآمدزایی خواهد شد.

۶. ایجاد پیشنهاد چندگانه

یکی دیگر از مزیت های بزرگ داشتن لیست ایمیل مخاطبین این است که شما می توانید پیشنهادات متعددی به افراد بدهید. در این مورد فکر کنید... که اگر شما به باغبانی علاقه دارید، فقط به خرید یک کتاب باغبانی اکتفا نمی کنید بلکه در یک مجلهء باغبانی نیز مشترک شده و مجموعه ای از ابزارهای باغبانی را خریداری می کنید. هر یک از موارد لازم را تهیه کرده و بیشتر و بیشتر به سرگرمی خود می پردازید.

مخاطبان هدفمند شما نیز هیچ تفاوتی با این مثال ندارند، با داشتن لیست ایمل مخاطبین شما می توانید به آنها پیشنهادات متعددی ارائه دهید. (می توانید از محصولات و خدمات خودتان و یا صنایع وابسته و یا ترکیبی از هر دو را ارائه نمایید)

۷. قادر به ایجاد درآمد با استفاده از فشار دادن یک دکمه

اگر یک لیست پاسخگو داشته باشید (حتی اگر نسبتاً کوچک باشد) شما باید توانایی برای تولید درآمد اضافی با فشار یک دکمه داشته باشید. هنگامی که نیاز به چند صد هزار تومان

اضافی برای پرداخت صورت حساب های غیر منتظره هستید، می توانید در آمد اضافه تری با ارسال پیشنهادات ویژه از طریق لیست ایمیل های مخاطبین داشته باشید.

۱۹. فرایند خرید را آسان کنید:

مطمئن شوید از وب سایت فروشی برخوردار هستید که شناخته شده است و فرایند خرید در آن کاملاً مشخص و واضح است.

آزار دهنده ترین نکته برای کاربر در هنگام بازدید از سایت، انتظار بیش ازحد برای بارگزاری سایت است که اگر این زمان از یک حد مجاز بیشتر شود باعث آزردگی کاربر خواهد شد، حتی اگر سایت شما یکی از بزرگترین سایت ها باشد.

باید مطالب موجود در سایت به صورت شفاف و بدون ابهام بیان شود. بازدیدکنندگان این موضوع را که متوجه نشوند مطالب سایت درباره چیست را نمی پسندند. اجازه ندهید تلاش بازدیدکنندگان شما برای کشف مطالب وب شما برای بدست آوردن این که وب شما درباره چه موضوعی می باشد، تلف شود. از ابتدای طراحی وب، شفافیت و وضوح مطالب را در نظر داشته باشید. داشتن تیتر توصیفی در صفحه اول وب سایت روش بسیار مناسبی است برای اعلام این که مطالب وب شما از چه موضوعی سخن می گوید.

همچنین انتخاب کلمات کلیدی مرتبط برای صفحات به عنوان جلب توجه نگاه افراد نیز عمل می کند. بنابراین همیشه از کلمات کلیدی مرتبط با مطالب در صفحات وب خود استفاده نمایید.

برای جلب توجه افراد خیلی تلاش در استفاده از انواع روش های غیرضروری نکنید (آیا کسی واقعاً به فلش و یا نشانگر نیاز دارد؟) تمرکز خود را بر روی قابلیت های استفاده از وب، فروش، تبدیل بازدیدکنندگان به خریدار و خریداران متمرکز کنید. وب سایت هایی که طراحی ساده ای دارند نیز این قابلیت را دارند.

وجود و یا عدم وجود صداقت در مطالب وب سایت شما تاثیر مستقیمی بر فروش محصولات شما و در نهایت موفقیت شما خواهد داشت. اگر در وب سایت خود فروش مستقیم محصولات دارید، دادن اطلاعات تماس و داشتن فرم تماس بسیار مهم و ضروری می باشد. اگر حفظ حریم خصوصی برای شما مهم است، می توانید از خدمات لینک هایی که اتوماتیک آدرسهای ایمیل را دریافت می نمایند استفاده کنید.

حرکت از صفحه اصلی به صفحه محصولات و چشم انداز آن در صفحه اصلی را برای بازدیدکنندگان آسان نمایید. این چشم انداز را به صورت زنجیروار نسازید، که باعث می شود افراد برای مشاهده و خرید، تمامی صفحات را یکی پس از دیگری برای پرداخت پول به شما سپری کنند. در غیر این صورت آنها را از دست خواهید داد.

۲۰. مشورت بگیرید:

چه بخواهید چه نخواهید، نویسندگی و تولید محتوای آموزشی یک هنر و یک تجارت به حساب می آید، به همین خاطر نویسندگان و تولید کنندگان محتوا باید از ضروریات اساسی نویسندگی آگاه باشند و از افراد حرفه ای در این زمینه مشورت بگیرند. این دست اقدامات در پیشرفت شما در فرایند نوشتن تاثیری شگرف دارد.

به قول حضرت علی (ع) مشورت مشارکت مجانی با مغز دیگران است. منتها این دیگران باید بخیل، ترسو، حسود و جاهل نباشند. با کسانی که غرض دارند هم نباید مشورت کرد اگر آنان اهل مشورت هم باشند.

خداوند به پیامبرش توصیه می کند که با مردم مشورت کن و تصمیمت را بعد از مشورت بگیر. وَشَاوِرْهُمْ فِی الأَمْرِ فَإِذَا عَزَمْتَ فَتَوَكَّلْ عَلَى اللهِ إِنّ اللهَ یُحِبُّ الْمُتَوَكِّلِینَ. در ارتباط با ویژگی های مؤمنین هم آیه معروف وامرهم شورا بینهم را داریم. یعنی مؤمنین کسانی هستند که در امور اجتماعی اشان با همدیگر مشورت می کنند.

بهتر است از کسی که تخصص در آن زمینه دارد سؤال کنند. این مانند مسئله تقلید در اسلام است همه که نمی توانند مجتهد شوند پس بایستی مسائل شرعی خود را از یک مجتهد جامع الشرایط و نه هر مجتهدی بپرسند.

۲۱. به Linkedin ملحق شوید:

گروهی خلق کنید تا با افراد دیگر در حوزه ی خودتان در ارتباط باشید و آثارتان را معرفی کنید.

لینکدین چیست و چه مزیتی برای کسب و کارتان دارد؟

لینکدین چیست؟ شاید باورتان نشود، اما این سوالی است که تعداد زیادی از مشتریان در تماس های تلفنی از کارشناسان می پرسند.

امروزه، با گسترش استفاده از اینترنت و شبکه های اجتماعی، بسیاری از کسب و کارها با فعالیت در شبکه های اجتماعی مختلف اقدام به جذب مشتری و فروش محصول می کنند و در این میان نام لینکدین، نام تازه ای برای کسب و کارهای نیمه حرفه ای است.

از این رو برخی مشتریان، علاقه دارند دربارۀ شبکه اجتماعی لینکدین اطلاعات بیشتری کسب کنند.

در این مطلب قصد داریم به شما توضیح دهیم که لینکدین چیست و چگونه می تواند برای کسب و کار شما مفید باشد. با ما همراه باشید.

لینکدین چیست؟

لینکدین، شبکه اجتماعی مخصوص مشاغل و کسب و کارهای حرفه ای است که در دسامبر سال ۲۰۰۲ افتتاح شد و در ماه مِی ۲۰۰۳ در دسترس کاربران اینترنت قرار گرفت.

Linkedin در سپتامبر سال ۲۰۱۶ اعلام کرد که بیش از ۴۶۷ میلیون کاربر در سراسر جهان دارد که از این تعداد بیش از ۱۰۶ میلیون نفرشان، کاربر فعال محسوب می شوند.

لینکدین هم اکنون بزرگترین شبکه اجتماعی تخصصی در جهان است.

معمولاً از لینکدین به عنوان رزومه آنلاین یاد می شود. کاربران می توانند پس از ثبت نام در لینکدین، پروفایل کاربری خود را ایجاد کنند و با دیگران (کارفرمایان و کارمندان دیگر شرکت ها) در ارتباط باشند. این ارتباط برخلاف دیگر شبکه های اجتماعی کاملاً کاری است و محتوایی که در این شبکه اجتماعی به اشتراک گذاشته می شود، باید با شغل یا صنعتی که در آن مشغول هستید، مرتبط باشد.

از طریق همین فعالیت ها، کارفرمایان می توانند نیروی کار مورد نیاز شرکت خود را به دست آورند. همچنین، لینکدین به شرکت ها اجازه می دهد که صفحه ای اختصاصی برای تجارت خود راه اندازی کنند.

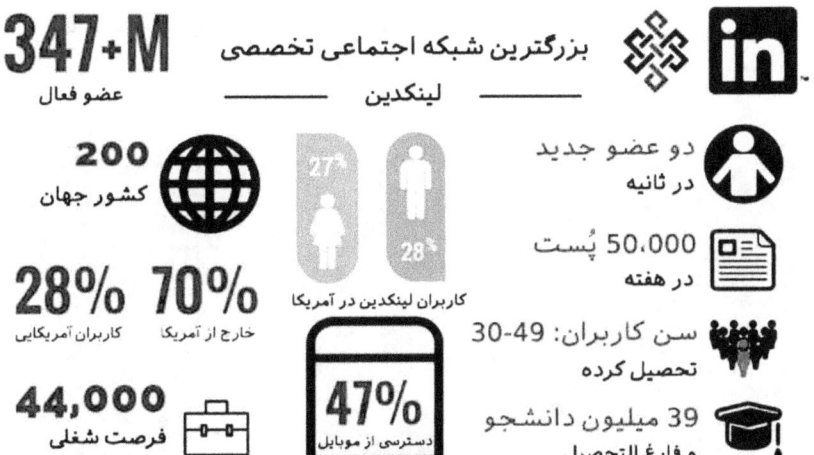

347+M
عضو فعال
بزرگترین شبکه اجتماعی تخصصی
لینکدین
دو عضو جدید
در ثانیه
200
کشور جهان
28%
کاربران لینکدین در آمریکا
50،000 پُست
در هفته
70%
خارج از آمریکا
28%
کاربران آمریکایی
سن کاربران: 30-49
تحصیل کرده
44,000
فرصت شغلی
در هر روز
47%
دسترسی از موبایل
39 میلیون دانشجو
و فارغ التحصیل

به این ترتیب، شرکت ها قادرند فعالیت های کاری خود را در صفحهٔ اختصاصی شان با دیگران به اشتراک گذارند تا کاربران بتوانند اخبار و فعالیت سازمان های مورد علاقه خود را دنبال کنند.

همچنین، بخش شغل لینکدین به شرکت ها امکان می دهد با قرار دادن موقعیت های شغلی موجود در سازمان خود، اقدام به جذب کارمند کنند.

در این بخش شما می توانید آگهی استخدام قرار دهید یا به دنبال شغل مناسب خود بگردید.

در ماه ژوئن سال ۲۰۱۶، مایکروسافت اعلام کرد وب سایت لینکدین را با مبلغ ۲۶,۲ میلیارد دلار خریداری کرده است.

آیا لینکدین برای کسب و کار من مناسب است؟

برای اینکه بدانید آیا لینکدین به درد کسب و کار شما می خورد یا خیر، پیش از هر چیزی باید بازارِ هدف خود را تعیین کنید. شما باید بدانید آیا محصول یا خدماتی که ارائه می کنید، می تواند در یک شبکه اجتماعی تخصصی طرفدار داشته باشد یا خیر!

همانطور که گفتیم، لینکدین بزرگترین شبکه اجتماعی تخصصی در جهان است. این موضوع به این معنی است که شما با کاربران عادی شبکه های اجتماعی در تماس نیستید.

ناگفته پیداست که کاربران Linkedin بسیار سخت گیرتر از کاربران دیگر شبکه های اجتماعی هستند، بنابراین استراتژی حاکم بر دیگر شبکه های اجتماعی در لینکدین کارایی ندارد.

از طرف دیگر، همین تخصصی بودن شبکه اجتماعی لینکدین، فضای بسیار مناسبی را در اختیار بازاریابان B2B(Business to Business(بازاریابی کسب و کار برای کسب و کار) قرار داده است.

Linkedin به بازاریابان B2B اجازه می دهد تا با دیگر کسب و کارها و حتی رقبای تجاری خود در تماس باشند. لازم به توضیح نیست که گسترش ارتباطات، در طولانی مدت می تواند به نفع فعالیت های تجاری تان باشد.

پیشنهاد ما به شما این است که هرچه سریع تر فعالیت خود را در لینکدین آغاز کنید. شبکه اجتماعی لینکدین می تواند ابزار مناسبی برای جذب مشتری باشد، به خصوص اگر شرکت تان معتبر است و بازار هدفِ محصولاتتان سایر تجارت هاست.

با فعالیت در لینکدین نه تنها به عنوان فردی خبره در صنعت خود شناخته خواهید شد، بلکه به مرور زمان فرصت های شغلی فوق العاده ای به شما پیشنهاد می شود.

چگونه در لینکدین فعالیت کنم؟

نحوه فعالیت در لینکدین، تقریباً شبیه به دیگر شبکه های اجتماعی است، با این تفاوت که محتوای تولید شده برای لینکدین حتماً باید با کیفیت، ارزشمند و آگاهی بخش باشد. تولید کردن چنین محتوایی کار چندان دشواری نیست و تنها به زمان و تحقیق نیاز دارد. با رعایت کردن نکات زیر می توانید فعالیت خود را در شبکه اجتماعی لینکدین گسترش دهید:

نمونه پروفایل لینکدین

پروفایل خود را تکمیل کنید

پروفایل Linkedin، در واقع رزومه کاری شماست، پس بهتر است پروفایل کاربری خود را تا جای ممکن کامل کنید تا هر فردی که پروفایل شما را مشاهده می‌کند، بتواند با سوابق تحصیلی و شغلی شما آشنا شود.

پس از آنکه در لینکدین ثبت نام کردید، وارد حساب کاربری خود شوید. در این قسمت Linkedin از شما می خواهد اطلاعات خود را به طور کامل وارد نمایید. این اطلاعات شامل نام و نام خانوادگی، سوابق تحصیلی، سوابق کاری، محل کار فعلی، عکس، علایق و توضیحاتی مختصری درباره خودتان است.

حال هرچه اطلاعات پروفایل شما کامل تر باشد، لینکدین امتیاز بالاتری برایتان در نظر می گیرد. البته این امتیازات برای دیگران نمایش داده نمی شود، اما حُسنی که دارد این است که پروفایل تان در نتایج جستجوی بیشتری به کاربران نمایش داده می شود. درجه بندی پروفایل Linkedin به شکل زیر است:

نحوه امتیازدهی لینکدین به پروفایل کاربری

برای مجموعه خود صفحه شرکت بسازید

قابلیت صفحه شرکت برای شرکت ها و سازمان ها در نظر گرفته شده است و به شما امکان می دهد که علاوه بر پروفایل شخصی خود، صفحه ای برای کسب و کارتان در لینکدین ایجاد کنید.

برای ایجاد صفحه شرکتی لینکدین کافیست به پنل کاربری خود وارد شوید و از منوی کاربری بالای صفحه بر روی گزینه Interest کلیک کنید، سپس گزینه Companies را انتخاب نمایید.

با انتخاب گزینه Companies، پیام زیر را دریافت خواهید کرد. اکنون برای ایجاد صفحه شرکتی بر روی گزینه Create کلیک کنید.

حال، به صفحهٔ زیر منتقل می شوید. در این قسمت باید نام شرکت (به انگلیسی) و ایمیل اختصاصی وب سایت خود را وارد نمایید.

پس از تکمیل اطلاعات و دریافت ایمیل تایید از Linkedin، با فرم زیر روبرو خواهید شد. در این بخش باید اطلاعات کامل شرکت تان را وارد نمایید.

صفحه شرکت به شما امکان می دهد تا آخرین اخبار، مقالات و اینفوگرافیک های مرتبط با تجارت خود را با کاربران به اشتراک بگذارید. در تصویر زیر می توانید صفحه Linkedin مؤسسه هنر مهر ایده را مشاهده کنید.

URL پروفایل لینکدین خود را شخصی سازی کنید

لینکدین به شما امکان می دهد برای پروفایل صفحات خود، یک URL انحصاری انتخاب کنید. پیشنهاد می کنیم از نام خود در آدرس لینکدین استفاده کنید. برای انجام این کار ابتدا وارد تنظیمات شوید و گزینه Edit Public Profile را انتخاب کنید و از طریق Customize Your Public Profile URL آدرس سایت خود را تغییر دهید.

برای صفحه شرکتی خود هم می توانید آدرسی انتخاب کنید که با دیگر شبکه های اجتماعی تان هماهنگ باشد. به این ترتیب کاربران می توانند به راحتی صفحه شرکت شما را پیدا کنند. در قدم های بعدی می توانید پروفایل لینکدین خود را به سایت یا دیگر شبکه‌های اجتماعی تان متصل کنید.

مقالات خود را در لینکدین منتشر کنید

نوشتن مقاله در لینکدین باعث می شود کاربران بهتر با شما و فعالیت تان آشنا شوند. بهتر است مقالات تان در رابطه با حوزه فعالیت شما باشند. پس تا حد امکان از به اشتراک گذاشتن مطالب غیر تخصصی پرهیز کنید. همانطور که در بالا گفتیم، Linkedin با دیگر شبکه های اجتماعی متفاوت است.

پیشنهاد می کنیم، هر روز مطلبی را در صفحه لینکدین شرکت خود به اشتراک بگذارید. به علاوه، هر چند وقت یکبار در Linkedin شخصی خود، یک مقاله بنویسید و کلمات کلیدی مرتبط با تجارت خود را به وب سایت تان لینک کنید. این کار نه تنها به افزایش ترافیک سایت تان کمک می کند، بلکه برای سئو سایت شما نیز مفید است.

نتیجه گیری

آیا لینکدین برای کسب و کار شما مفید است؟ پاسخ ما به این سوال مثبت است. اگر بتوانید استراتژی دقیقی برای لینکدین تعریف کنید، مطمئناً در طولانی مدت نتایج قابل توجهی به دست خواهید آورد.

سعی کنید تا حد ممکن مطالبی مرتبط با کسب و کار خود در لینکدین به اشتراک بگذارید و در این مطالب، مهارت خود را به خوبی به دیگران نشان دهید. لینکدین، بهترین موقعیت برای بازاریابی B2B را در اختیار کسب و کارتان قرار می دهد، پس بهتر است از این موقعیت به بهترین شکل ممکن استفاده کنید.

۲۲. موضوع کتاب یا محصول دیجیتال خود را به علایق متداول در میان مردم ربط دهید:

مطالب و یا نوشته هایی را برای افراد ارسال کنید که تا اندازه ای مرتبط با علایق همه گیر در میان افراد و یا قشر مشخصی از افراد باشد.

اینکه امروز نویسنده‌ها و تولید کنندگان محتوا بر اساس علایق خود به نگارش و تألیف می‌پردازند، باید اصلاح شود. تولید کتاب و محتوا باید بر مبنای نیاز جامعه باشد. یکی از دلایل شمارگان کتاب‌ها و محصولات دیجیتال تولید آنها بدون نیازسنجی باشد، گاهی اوقات شاهد چاپ و نشر چه محصولاتی هستیم که به نظر نمی‌رسد نیاز روز جامعه باشد و تنها علاقه یا تخصص پدید آورنده به آن موضوع علت نشر کتاب و محتوا بوده است در صورتی که اگر بر مبنای نیاز جامعه، منتشر شود، هم فروش بیشتری خواهند داشت و هم مردم آنچه را که نیاز دارند تهیه کرده و نیاز خود را برطرف می‌کنند.

ما این موضوعات جدید را شناسایی و به خوبی روی آن ها کار کنیم، بدون تردید فروش آن ها هم با استقبال روبه رو می شود، افزود: علاوه بر این موضوعاتی چون هنر، تفریحات، ورزش و تربیت بدنی از بحث های روز جامعه است که اگر بر روی آن ها خوب کار شود، حتما بازار خواهد داشت. ضمن آن که ما نباید درباره این موضوعات به تالیف کتاب و تولید محتوا قناعت کنیم بلکه باید ورود به این حوزه ها را به همایش ها و میزگردها هم گسترش دهیم.

۲۳ . برای مطالبی که ارائه می دهید، عنوان هایی جذاب و گیرا انتخاب کنید:

اکثر مخاطبین شما برای اینکه مطالب شما را بخوانند و یا جذب آن شوند، به عناوینی که انتخاب کردید توجه می کنند. با توجه به بار سنگینی که آن چند کلمه حمل می کنند، پس باید توجه زیادی به آن ها داشته باشید.

بهتر است از عناوینی استفاده کنید که با چگونه شروع می شوند می تواند یکی از بهترین انتخاب ها برای عنوان مطلب شما باشد.

در جهان بیش از ۱۵۰۰۰ کتاب وجود دارد که عنوان آنها با کلمه چگونه شروع می شود.

مخاطب با دیدن کلمه چگونه کنجکاو شده و مخاطب به سمت مطالب ما هدایت می شود.

"چگونه متن های موثر بنویسیم؟"

در عنوان بالا یک پرسش مطرح شده که در در متن به آن پاسخ داده می شود.

عنوان سوالی که به مشکل مخاطبان اشاره کند و به نوعی با آنها همدردی کرده، و باعث ترغیب نمودن افراد به خواند مطلب یا محتوا پیدا می کند.

به عنوان مثال به عنوان زیر توجه کنید:

"چند سال است که فکر راه اندازی کسب و کار خود هستید؟"

این عنوان برای افرادی که در فکر راه اندازی کسب و کار هستند ولی تا کنون موفق به این کار نشده اند یک تلنگر ایجاد کرده و آنها را به خواندن و استفاده از محصول شما ترغیب می نمایند.

یک گروه دیگر از عنوان هایی که از آنها بسیار استفاده می شود، عنوان های اطلاعاتی هستند که اطلاعات در مورد موضوع مناسبی را ارائه می نمایند.

در عنوان های اطلاعاتی، ما باید به کاربران خود اطلاعات ارائه کنیم یا به آنها این نوید را بدهیم که در متن اطلاعات جالبی برای آنها وجود خواهد داشت.

عنوان های اطلاعاتی می توانند کاربران خاص خود را جذب کنند و آنها را به خواندن متن ترغیب کنند. در عنوان های اطلاعاتی معمولا از واژه هایی مانند (کشف، اعلام، تازه، جدید و...) استفاده می شود.

یک روش دیگر از الگوهایی که می تواند در نوشتن عنوان مورد استفاده قرار گیرد این است که در عنوان خود مخاطب خاصی را انتخاب کنیم و دسته خاصی از آنها را هدف قرار بدهیم.

شاید فکر کنید با چنین عنوانی ممکن است تعداد زیادی از مخاطبان را از دست بدهیم، اما این کار می تواند مخاطبان بیشتری را به خود جلب کند و حتی افرادی که جزو مخاطبان خاص عنوان نیستند، به خاطر کنجکاوی به خواندن ادامه ی مطلب ترغیب می شوند.

الگوهای زیادی وجود دارند که به ما کمک می کنند عنوان های جذاب انتخاب کنیم، فقط کافی است کمی بیشتر برای انتخاب عنوان متن های خودمان وقت بگذاریم.

۲۴. فرایند به اشتراک گذاشتن کتاب و محصولات دیجیتال را برای دیگران آسان کنید.

۲۵. از شبکه های اجتماعی بهره بگیرید:

مشخص کنید که چه چیزهایی را در چه زمانی می خواهید بر روی صفحات خود در شبکه های اجتماعی ارائه دهید. برای این کار زمان هایی را در نظر بگیرید که احساس می کنید بیشترین بازدید ها در آن حیطه ی زمانی رخ می دهند.

۲۶. کتاب الکترونیکی برای محصول الکترونیک و یا کتاب خود را به طور رایگان در اختیار مخاطبانتان بگذارید.

- دانلود کتاب الکترونیکی فارسی و رایگان (http://www.txt.ir)
- کتابخانه مجازی ایران (http://www.irpdf.com)
- کتابخانه‌مجازی‌قفسه:دانلودایبوک‌هاوکتاب‌های‌رایگان‌فارسی(http://www.ghafaseh.ir)
- بزرگترین سایت دانلود کتابهای فارسی (http://www.farsibooks.ir)
- کتابخانه امید ایران (http://www.irebooks.com)
- کتابناک: هر کتاب فرصت یک زندگی تازه (http://www.ketabnak.com)
- کتاب فارسی (http://www.ketabfarsi.org)
- مرکز کتاب‌های الکترونیک پارس (http://www.ebookpars.com)
- دانلود کتاب ۱۱۰ (http://www.download۱۱۰)
- پارس‌بوک: مرجع دانلود کتاب الکترونیکی (http://parsbook.org)
- ایران‌میت: دانلود کتاب (http://www.iranmeet.com)
- کتاب سبز http://ketabesabz.com/
- فیدیبو، کتابراه، طاقچه، تک بوک، مای بوک، یاس بوک، رید بوک،ایران پی دی اف و...

۲۷. کتاب خود را در کتابخانه های مجازی، برای مطالعه، در دسترس عموم قرار دهید.

کتابخانه‌های دیجیتال عمومی

۱. کتابخانه دیجیتال بر بالهای کتاب

۲. کتابخانه دیجیتال ایران میت

۳. کتابخانه دیجیتال رایگان

۴. کتابخانه تبیان

۵. کتابخانه سایت آفتاب

۶. کتابخانه مجازی قفسه

۷. کتابخانه مجازی ایران

۸. کتابخانه مجازی Boolib

۹. کتابخانه مجازی دید

۱۰. کتابخانه مجازی برای موبایل

۱۱. کتابخانه الکترونیکی امید ایران

۱۲. دانلود کتابهای صوتی

کتابخانه‌های دیجیتال موضوعی

۱۳. کتابخانه الکترونیکی کتب شیعه

۱۴. کتابخانه رایگان نسخ خطی کتابخانه، موزه و مرکز اسناد مجلس شورای اسلامی

۱۵. کتابخانه غیر رایگان نسخه های خطی و اسناد شرقی (کدنا)

۱۶. کتابخانه رایگان و غیر رایگان نسخ خطی شرکت فروغ مهر

۱۷. کتابخانه گویا

۱۸. کتابخانه دیجیتال پروان (دینی - مذهبی)

۱۹. پایگاه دانلود کتابهای فارسی

۲۰. دانلود چند کتاب با موضوع هنر و معماری اسلامی

۲۱. دانلود کتابهای الکترونیکی

۲۲. مجموعه ای از ۱۵۰ رمان

۲۳. مرکز تعلیمات اسلامی واشنگتن

فهرست کتابخانه های دیجیتال ایران

۱. کتابخانه دیجیتال تبیان، نرم‌افزار مورداستفاده: تبیان (محصول سازمان تبلیغات اسلامی)؛

http://www.tebyan.net/Library.html

۲. کتابخانه دیجیتال ارم، وابسته به شرکت ارتباطات رایانه مصباح و جهاد دانشگاهی فارس. نرم‌افزار مورد-استفاده: ارم (محصول شرکت ارتباطات رایانه مصباح و جهاد دانشگاهی فارس)؛ قابل دسترس با نشانی:

www.dlib.ir

۳. کتابخانه دیجیتال نورلیب، وابسته به مرکز تحقیقات کامپیوتری علوم اسلامی. نرم‌افزار مورداستفاده: نورلیب (محصول مرکز تحقیقات کامپیوتری علوم اسلامی)؛ قابل دسترس با نشانی:

www.noorlib.com

۴. کتابخانه دیجیتال سنا، وابسته به پژوهشگاه علوم و فناوری اطلاعات ایران. نرم‌افزار مورداستفاده: سنا [محصول همکاری پژوهشگاه علوم و فناوری اطلاعات ایران و شرکت مهندسی ارتباطات پیام مشرق]؛ قابل دسترس با نشانی:

http://database.irandoc.ac.ir/DL/Search

۵. کتابخانه دیجیتال دانشگاه کارآفرینی. نرم‌افزار مورداستفاده: وستا (محصول شرکت فن آوری اطلاعات وستا) قابل دسترس با نشانی:

http://ent.ut.ac.ir/lib/LoginPage.aspx

۶. کتابخانه دیجیتال دید، وابسته به مؤسسه مطالعات و تحقیقات بین‌المللی ابرار معاصر تهران. نرم‌افزار مورد-استفاده: دید؛ قابل دسترس با

www.did.ir

۷. کتابخانه دیجیتال رسان، وابسته به مجلس شورای اسلامی. نرم‌افزار مورداستفاده: پاپیروس؛ قابل دسترس با نشانی:

http://dl.ical.ir/Websearch/Forms/Index.aspx

۸. کتابخانه دیجیتال سازمان اسناد و کتابخانه ملی جمهوری اسلامی ایران "طرح حرم". نرم‌افزار مورداستفاده: پاپیروس؛ قابل دسترس با

http://dl.nlai.ir/UI/Forms/Index.aspx

۹. کتابخانه دیجیتال علوم پزشکی بیرجند. نرم‌افزار مورداستفاده: پروان (محصول شرکت نرم‌افزاری پروان پژوه)؛ قابل دسترس با نشانی:

http://dlib.bums.ac.ir/parvan/home

۱۰. کتابخانه دیجیتال مرکز تحقیقات مخابرات ایران. نرم‌افزار مورداستفاده: پروان (محصول شرکت نرم‌افزاری پروان پژوه)؛ قابل دسترس

http://vlib.itrc.ac.ir/parvan/home

۱۱. کتابخانه دیجیتال موسسه تحقیقات و نشر معارف اهل البیت. نرم‌افزار مورداستفاده: پروان (محصول شرکت نرم‌افزاری پروان پژوه)؛

http://lib.ahlolbait.ir/parvan/home

۱۲. کتابخانه دیجیتال نهاد کتابخانه‌های عمومی کشور. نرم‌افزار مورداستفاده: پروان (محصول شرکت نرم‌افزاری پروان پژوه)؛ قابل دسترس

http://www.irandl.org.ir/

۱۳. کتابخانه دیجیتال علوم انسانی تهران، وابسته به اداره کل فرهنگ شهرداری تهران. نرم‌افزار مورداستفاده: آذرخش (محصول شرکت نرم‌افزاری پارس آذرخش)؛ قابل دسترس با نشانی:

ebook.tehran.ir/

۱۴. کتابخانه دیجیتال مرکز مدیریت حوزه علمیه خراسان. نرم‌افزار مورداستفاده: آذرخش (محصول شرکت نرم-افزاری پارس آذرخش)؛

http://Lib.hozehkh.com

۱۵. کتابخانه دیجیتال مؤسسه تنظیم و نشر آثار امام. نرم‌افزار مورداستفاده: آذرخش (محصول شرکت نرم‌افزاری پارس آذرخش)؛ قابل دسترس

http://archlibserver.imam-khomeini.ir

۱۶. کتابخانه دیجیتال پژوهشکده تعلیم و تربیت کرمان، وابسته به وزارت آموزش و پرورش. نرم‌افزار مورداستفاده: سیمرغ (محصول شرکت نرم‌افزار و سخت‌افزار ایران "توسا")؛ قابل دسترس با نشانی:

http://www.asrketab.ir:/simwebclt/WebAccess/SimwebPortal.dll

۱۷.کتابخانه دیجیتال پژوهشگاه صنعت نفت. نرم‌افزار مورداستفاده: سیمرغ (محصول شرکت نرم‌افزار و سخت‌افزار ایران "توسا")؛

http://search.library.ripi.ir/simwebclt/WebAccess/SimwebPortal.dll

۱۸. کتابخانه دیجیتال پژوهشگاه نیرو. نرم‌افزار مورد استفاده: سیمرغ (محصول شرکت نرم‌افزار و سخت‌افزار ایران "توسا")؛ قابل دسترس

http://digital-lib.nri.ac.ir/diglib/WebUI/Login.aspx

۱۹. کتابخانه دیجیتال دانشکده علوم دانشگاه تهران. نرم‌افزار مورداستفاده: سیمرغ (محصول شرکت نرم‌افزار و سخت‌افزار ایران "توسا")؛

http://dlib.ut.ac.ir

۲۰. کتابخانه دیجیتال دانشگاه آزاد اسلامی واحد نجف آباد. نرم‌افزار مورداستفاده: سیمرغ (محصول شرکت نرم-افزار ایران "توسا")؛

http://lib.iaun.ac.ir/simwebclt/WebAccess/SimwebPortal.dll

۲۱. کتابخانه دیجیتال دانشگاه تربیت مدرس. نرم‌افزار مورداستفاده: سیمرغ (محصول شرکت نرم‌افزار و سخت‌افزار ایران "توسا")؛

http://194.225.166.40/simwebclt/WebAccess/SimwebPortal.dll

۲۲. کتابخانه دیجیتال دانشگاه سیستان و بلوچستان. نرم‌افزار مورداستفاده: سیمرغ (محصول شرکت نرم‌افزار و سخت‌افزار ایران "توسا")؛

http://libsim.usb.ac.ir/simwebclt/WebAccess/SimwebPortal.dll

۲۳. کتابخانه دیجیتال سازمان توسعه و نوسازی معادن. نرم‌افزار مورداستفاده: سیمرغ (محصول شرکت نرم‌افزار و سخت‌افزار ایران "توسا")؛

www.imidro.org

۲۴. کتابخانه دیجیتال شرکت ملی صنایع پتروشیمی. نرم‌افزار مورداستفاده: سیمرغ (محصول شرکت نرم‌افزار و سخت‌افزار ایران "توسا")؛

http://iclib.nipc.net/simwebclt

۲۵. کتابخانه دیجیتال شرکت مهندسی و ساختمان گاز ایران، وابسته به وزارت نفت. نرم‌افزار مورداستفاده: سیمرغ (محصول شرکت نرم‌افزار و سخت‌افزار ایران "توسا")؛ قابل دسترس با نشانی:

http://lib.nigceng.ir/simwebclt

۲۶. کتابخانه دیجیتال فرهنگستان هنر. نرم‌افزار مورداستفاده: سیمرغ (محصول شرکت نرم‌افزار و سخت‌افزار ایران "توسا")؛ قابل دسترس با

http://84.241.57.83:8080/simwebclt/WebAccess/SimwebPortal.dll

۲۷. کتابخانه دیجیتال مرکز بین المللی علوم و تکنولوژی پیشرفته و علوم محیطی کرمان. نرم‌افزار مورداستفاده: سیمرغ (محصول شرکت نرم‌افزار و سخت‌افزار ایران "توسا")؛ قابل دسترس با نشانی:

http://library.icst.ac.ir/simwebclt

۲۸. کتابخانه دیجیتال نوسا بوکس. نرم‌افزار مورداستفاده: سیمرغ (محصول شرکت نرم‌افزار و سخت‌افزار ایران "توسا")؛ قابل دسترس با

http://www.nosabooks.com

۲۹. کتابخانه دیجیتال دانشگاه صنعتی اصفهان. نرم‌افزار مورداستفاده: پیام (محصول شرکت مهندسی ارتباطات پیام مشرق)؛ قابل دسترس با

http://library.iut.ac.ir/Default.aspx?browserEngin=IE

۳۰. کتابخانه دیجیتال دانشگاه صنعتی جندی شاپور دزفول. نرم‌افزار مورداستفاده: پیام (محصول شرکت مهندسی ارتباطات پیام مشرق)؛ قابل

http://library.jsu.ac.ir/

۳۱. کتابخانه دیجیتال دانشگاه علم و صنعت. نرم‌افزار مورداستفاده: پیام (محصول شرکت مهندسی ارتباطات پیام مشرق)؛ قابل دسترس با

http://dl.iust.ac.ir/Default.aspx?browserEngin=IE

۳۲. کتابخانه دیجیتال دانشگاه علوم پزشکی شهید صدوقی یزد. نرم‌افزار مورداستفاده: پیام (محصول شرکت مهندسی ارتباطات پیام مشرق)؛

http://lib.ssu.ac.ir/

۳۳. کتابخانه دیجیتال دانشگاه هنر اصفهان. نرم‌افزار مورد استفاده: پیام (محصول شرکت مهندسی ارتباطات پیام مشرق)؛ قابل دسترس با

http://library.aui.ac.ir/

۳۴. کتابخانه دیجیتال دانشگاه یزد. نرم‌افزار مورداستفاده: پیام (محصول شرکت مهندسی ارتباطات پیام مشرق)؛ قابل دسترس با نشانی:

http://library.yazduni.ac.ir/

۳۵. کتابخانه دیجیتال شهرک علمی و تحقیقاتی اصفهان. نرم‌افزار مورداستفاده: پیام (محصول شرکت مهندسی ارتباطات پیام مشرق)؛ قابل

http://lib.istt.org/

۳۶. کتابخانه دیجیتال دانشگاه اصفهان. نرم‌افزار مورداستفاده: پیام (محصول شرکت مهندسی ارتباطات پیام مشرق)؛ قابل دسترس با نشانی:

http://library.ui.ac.ir/

۳۷. کتابخانه دیجیتال دانشگاه علوم پزشکی گیلان. نرم‌افزار مورداستفاده: پیام (محصول شرکت مهندسی ارتباطات پیام مشرق)قابل دسترس با

http://lib.istt.org/

۳۸. کتابخانه دیجیتال شهرداری اصفهان. نرم‌افزار مورداستفاده: ثنا (محصول شرکت مهندسی ارتباطات پیام مشرق)؛ قابل دسترس با نشانی:

http://dlim.ir/

کتابخانه‌های ملی و مجلس

۱. کتابخانه ملی جمهوری اسلامی ایران

http://dl.nlai.ir/UI/Forms/Index.aspx

۲. کتابخانه دیجیتال مجلس شورای اسلامی

http://dl.ical.ir/UI/Forms/Index.aspx

کتابخانه‌های دیجیتالی دانشگاهی ایران

۱. کتابخانه دیجیتالی دانشگاه امیرکبیر

http://library.aut.ac.ir

۲. کتابخانه دانشکده کارآفرینی دانشگاه تهران

http://ent.ut.ac.ir/lib/LoginPage.aspx

۳. کتابخانه دانشگاه علم و صنعت ایران

http://dl.iust.ac.ir/Default.aspx?browserEngin=IE

۴. کتابخانه دیجیتالی دانشگاه شیراز

http://dlib.shirazu.ac.ir

۵. کتابخانه دیجیتالی دانشگاه پیام نور

http://www.pnueb.com/fa/default/default.aspx

۶. کتابخانه دیجیتالی دانشگاه تهران

http://dlib.ut.ac.ir/index.htm

کتابخانه های دیجیتالی موسسات پژوهشی و مطالعاتی ایران

۱. کتابخانه دیجیتالی دید

http://www.did.ir/

۲. مرکز منطقه ای اطلاع رسانی علوم و فناوری

http://www.srlst.com/rlst-frs_files/Page598.htm

۳. کتابخانه شهرک علمی و تحقیقاتی اصفهان

http://lib.istt.ir/Default.aspx?browserEngin=IE

۴. کتابخانه و مرکز اسناد سازمان پژوهش های علمی و صنعتی ایران

http://library.irost.org

۵.. پژوهشگاه علوم و فناوری اطلاعات ایران

http://www.irandoc.ac.ir

۶.. مؤسسه تحقیقات ارتباطات و فناوری اطلاعات

http://www.itrc.ac.ir/itrcvlib.php

کتابخانه های دیجیتالی اسلامی

۱. مؤسسه فرهنگی و اطلاع رسانی تبیان

http://www.tebyan.net/Index.aspx

۲.. پایگاه اطلاع رسانی پیامبر اعظم صلی الله علیه و آله و سلم

http://www.payambarazam.ir/books/default.asp

۳. مؤسسه تحقیقات و نشر معارف اهل الیت علیهم السلام

http://www.ahlolbait.ir/dlibrary/books

کتابخانه های دیجیتالی عمومی

۱. کتابخانه مجازی قفسه

http://www.ghafaseh.ir

۲. کتابخانه همراه به همت موسسه فرهنگی راسخون

www.rasekhoon.net

۳. کتابخانه دیجیتالی ارم

http://www.dlib.ir/fa/index.aspx

۴. مرکز کتاب الکترونیکی پارس

http://www.ebookpars.com

۵. کتابهای الکترونیکی فارسی

http://www.downloadbook.org

شبکه های اسلامی مرکز جهانی اطلاع رسانی آل بیت

۱. شبکه رافد للتنمیه الثقافیه

http://www.rafed.net/index.php

۲. شبکه الامام الرضا علیه السلام

http://www.imamreza.net

۳. شبکه یا زهرا سلام الله علیها

http://www.yazahra.net

۴. شبکه امام مهدی (عج)

http://www.mahdinet.net

۲۸. همواره حاضر باشید:

همواره تا جایی که امکان دارد در هر کجا که مخاطبان اصلی شما در آنجا حضور دارند، حاضر شوید. در نظر داشته باشید که برای این کار می توانید به صورت مجازی در شبکه های اجتماعی نیز با مخاطبانتان در ارتباط باشید.

به معرفی ۵ شبکه از بهترین شبکه های اجتماعی ایرانی می پردازیم تا کاربران گرامی بیش از پیش با این شبکه های وطنی آشنا شده و بتوانند از این فضا استفاده کنند.

شبکه اجتماعی کلوب

CLOOB.COM

کلوب یکی دیگر از شبکه اجتماعی وطنی بسیار پرکاربر است سایت اینترنتی کلوب دات کام در تاریخ یکم دی ماه ۱۳۸۳ برپایه نیازهای امروزی کاربران اینترنتی ایرانی راه اندازی شد. تا به عنوان سایتی برای ارتباط ایرانیان و فارسی زبانان جهان بتواند بستری جهت تبادل اطلاعات، نیازها، کالا و خدمات، آشنا شدن با همکاران، دوستان قدیمی و... بوجود آورد.

از دیگر اهداف سایت معرفی امکانات و قابلیت های موجود و انطباق آنها با مشکلات و نیازهای مطرح ایرانیان می باشد تا از این رهگذر با کم ترین هزینه ممکن خدمات و اطلاعات درخواستی در اختیار متقاضیان قرار گرفته و موجبات افزایش بهره وری و کارایی را در سطح اجتماع فراهم نماید.

شبکه اجتماعی فیس نما

فیس نما، از سال ۱۳۹۱ با هدف رقابت با شبکه های بیگانه و فراهم اوردن محیطی امن برای کاربران با مدیریت علیرضا قاسم پور تاسیس شد.

قاسم پور نقطه قوت فیس نما نسبت به دیگر شبکه های داخلی را حضور اکثر کاربران ایرانی فعال در حوزه شبکه های اجتماعی، امکانات متعدد و رسیدگی سریع به مشکلات کاربران عنوان کرد. به نوشته این شبکه کاربران فیس نما کمی بیش از یک میلیون نفر هستند.

شبکه اجتماعی فارس توییتر

فارس توییتر، از سال ۱۳۹۱ با هدف رقابت با شبکه های اجتماعی خارجی و ایجاد محیطی مناسب با فرهنگ ایرانی برای کاربران ایرانی با مدیریت علی اکبر صادقی راه اندازی شد. این شبکه همانطور که از نامش پیداست نوع خدمات آنها به شبکه معروف توییتر بسیار نزدیک است.

صادقی در گفتگو با مجله شبانه باشگاه خبرنگاران نقطه قوت فارس توییتر را امنیت، سهولت استفاده کاربران عنوان کرد گفت: یکی از نقاط قوت این شبکه نسبت به دیگر شبکه های اجتماعی داخلی به روز کردن صفحه با ارسال پیامک توسط کاربران، عنوان کرد.

در آخرین اعلام مدیر این شبکه تعداد کاربران فارس توییتر به مرز ۲۹٬۰۰۰ کاربر رسیده است.

شبکه اجتماعی هم میهن

هم میهن، از سال ۱۳۸۴ به منظور ایجاد محیطی امن و سالم برای کاربرانی که تمایلی به حضور در شبکه های اجتماعی بیگانه ندارند با مدیریت امیر قاسمی تاسیس گردید.

قاسمی نقطه قوت هم میهن را هماهنگ بودن با فرهنگ ایرانی و اسلامی،کنترل محتوا و سالم سازی محیط تحت نظر ۶۰ مدیر و ۶میلیون مخاطب ایرانی عنوان کرد.

شبکه اجتماعی افسران

شبکه اجتماعی افسران جنگ نرم که به اختصار افسران نامیده می شود با توجه به تأکیدات ویژه رهبر معظم انقلاب نسبت به مقابله با جنگ نرم دشمن و توصیه ایشان مبنی بر اینکه «خودتان در مجامع فکری‌تان به دنبال راهکار باشید»، تصمیم گرفتیم تا شبکه افسران را به منظور - ایجاد بستر برای هم‌فکری و بیان دیدگاه‌ها - شبکه توزیع برای بیشتر دیده شدن محتواهای تولیدشده - انتشار سریع محتوا، ایده یا اطلاع - بسترسازی برای آزمون ایده‌های نو قبل از اجرا - توانمندسازی افسران جوان در مقابله با جنگ نرم دشمن راه‌اندازی کنیم.

افسران بستری برای توزیع بهتر، سریع‌تر و گسترده‌تر محتواهای تولید شده توسط کاربران شبکه است که طبیعتاً علاقه‌مند هستند مخاطبین بیشتری داشته باشند.

از سوی دیگر افسران می‌تواند مورد توجه کسانی قرار بگیرد که سعی دارند با دیدگاه‌ها و

نظرات مردم بدون واسطه ارتباط داشته باشند.

شاید شما هم برای تبلیغات کسب و کارتان نیاز به این رسانه‌ها داشته باشید اما قطعا همه‌ی آن‌ها برای اهداف بازاریابی شما مناسب نیستند.

در مرحله‌ی اول برای استفاده‌ی بهینه از قدرت شبکه‌های اجتماعی با پرمخاطب‌ترین‌های آن‌ها آشنا می‌شویم و در مرحله‌ی بعد می‌توانیم مناسب‌ترین گزینه برای تبلیغات حرفه‌ای خود را انتخاب کنیم.

در ادامه به معرفی ۲۰ شبکه‌ی ارتباط اجتماعی خواهیم پرداخت که جزو مشهورترین‌ها هستند.

۱.   فیسبوک (Facebook)

۲.   توییتر (Twitter)

۳.   لینکدین (LinkedIn)

۴.   یوتیوب (Youtube)

۵.   گوگل پلاس (Google Plus)

۶.   پینترست (Pinterest)

۷.   Snapchat

۸.   Tumblr

۹.   Flickr

۱۰. Reddit

۱۱. اینستاگرام (Instagram)

۱۲. WhatsApp

۱۳. Quora

۱۴. Vine

۱۵. Periscope

۱۶. BizSugar

۱۷. StumbleUpon

۱۸. Delicious

۱۹. Digg

۲۰. Viber

۲۹. زمان انتشار کتاب یا محصول دیجیتال را مشخص کنید:

زمان انتشار کتاب یا محصول را مطابق با یک اتفاق خبری و مرتبط و یا یک فیلم پر فروش مهم، تنظیم کنید.

انتشارات مسجد جمکران همزمان با فرارسیدن دهه امامت و ولایت کتاب شریف «شوق مهدی» را منتشر کرد. این کتاب جدیدترین اثر انتشارات مسجد مقدس جمکران است که با همکاری مدیریت فرهنگی و هنری بنیاد شهید چاپ شده است. کتاب «شوق مهدی» تضمینی از غزلیات لسان الغیب حافظ شیرازی است که توسط عارف فرزانه ملامحسن فیض کاشانی در مدح حضرت مهدی موعود (اوراحنا فداه) سروده شده است و در طبعی بسیار نفیس و با مقدمه ای زیبا با خط استاد بزرگوار جناب آقای ناصر نوروزی منش و در قطع وزیری با کاغذ گلاسه تذهیب شده و به صورت ویژه دراختیار علاقه مندان به آثار شعری پیرامون حضرت بقیه الله (ارواحنا فداه) عرضه می گردد.

کتاب های 'افسانه سنگ صبور' و 'نمود علمی و دنیای آرمانی' اثر کارن میلر به دو زبان فارسی و انگلیسی، 'بازاندیشی در مردم شناسی بصری'، 'مردم شناسی زیست محیطی'، 'مردم شناس'، ' افسانه های جهان زیرین'، کتاب هشتم 'مرگ (مجموعه مقالات همایش ملی مرگ و زندگی)'، کتاب چهارم 'نوروز و میراث صلح (مجموعه مقالات همایش نوروز میراث صلح)، ' مردم شناسی رمضان و نماز (مجموعه مقالات دو همایش ملی)' نیز منتشر می شود.

به گفته حسن زاده، رونمایی از کتاب های یاد شده در همایش و نمایشگاه ملی هشتادمین سال تاسیس نهاد مردم شناسی در ایران با حضور مولفان، مترجمان و ویراستاران کتاب ها صورت خواهد گرفت.

۳۰. برای استفاده کنندگان از محصولات خود یک راهنما در انتهای محصول طراحی کنید:

محصول خود را طوری توصیف کنید که استفاده کننده ها متوجه شوند در انتهای محصول یک راهنما برای آن ها در نظر گرفته شده است.

نوشتن راهنمای کتاب در فروش کتاب و محصول دیجیتال نیز خیلی تاثیرگزار است زمانی که برای خرید کتاب یا محصول اقدام می کنیم دنبال اطلاعات ساده و مختصر در مورد محصول هستیم که متوجه شویم کتاب به درد ما می خورد یا نه؟ و مطالعه راهنمای استفاده از کتاب در این زمینه کمکی زیادی به انتخاب کتاب ما می تواند انجام دهد.

۳۱. از قوانین کپی رایت آگاهی داشته باشید:

بازاریابی تنها داستان سرایی نیست بلکه شما باید کاری کنید تا خواننده های شما نیز از منحصر به فرد بودن محصول شما با خبر شوند، به همین خاطر می توانید از قوانین کپی رایت بهره ببرید و مخاطبانتان را به خریدار تبدیل کنید.

قانون حمایت حقوق مولفان و مصنفان و هنرمندان

فصل یکم- تعاریف

ماده ۱- از نظر این قانون به مولف و مصنف و هنرمند «پدید آورنده» و به آنچه از راه دانش یا هنر و یا ابتکار آنان پدید می‌آید بدون در نظر گرفتن طریقه یا روشی که در بیان و یا ظهور و یا ایجاد آن به کار رفته «اثر» اطلاق می شود.

ماده ۲- اثر های مورد حمایت این قانون به شرح زیر است:

۱. کتاب و رساله و جزوه و نمیش نامه و هر نوشته دیگر علم یا فنی و ادبی و هنری.

۲. شعر و ترانه و سرود و تصنیف که به هر ترتیب و روش نوشته یا ضبط یا نشر شده باشد.

۳. اثر سمعی و بصری به منظور اجرا در صحنه های نمایش یا پرده سینما یا پخش از رادیو یا تلویزیون که به هر ترتیب و روش نوشته یا ضبط یا نشر شده باشد.

۴. اثر موسیقی که به هر ترتیب و روش نوشته یا ضبط یا نشر شده باشد.

۵. نقاشی و تصویر و طرح و نقش و نقشه جغرافیایی ابتکاری و نوشته ها و خط های تزئینی و هر گوهه اثر تزئینی و اثر تجسمی که به هرطریق و روش به صورت ساده یا ترکیبی به وجود آمده باشد.

۶. هر گونه پیکره (مجسمه).

۷. اثر معماری از قبیل طرح و نقشه ساختمان.

۸. اثر عکاسی که با روش ابتکاری و ابداع پدید آمده باشد.

۹. اثر ابتکاری مربوط به هنرهای دستی یا صنعتی و نقشه قالی و گلیم.

۱۰. اثر ابتکاری که بر پایه فرهنگ عامه (فولکلور) یا میراث فرهنگی و هنر ملی پدید آمده بادشد.

۱۱. اثر فنی که جنبه ابداع و ابتکار داشته باشد

۱۲. هر گونه اثر مبتکرانه دیگر که از ترکیب چند اثر از اثرهای نامبرده در این فصل پدید آمده باشد.

فصل دوم- حوق پدید آورنده

ماده ۳- حقوق پدید آورنده شامل حق انحصاری نشر و پخش و عرصه و اجرای اثر و حقوق بهره برداری مادی و معنوی از نام و اثر اوست.

ماده ۴- حقوق معنوی پدید آورنده محدود به زمان و مکان نیست و غیر قبال انتقال است.

ماده ۵- پدید آورنده اثر های مورد حمایت این قانون می تواند استفاده از حقوق مادی خود را در کلیه موارد از جمله موارد زیر به غیر واگذار کند:

۱. تهیه فیلم های سینمایی و تلویزیونی و مانند آن.

۲. نمایش صحنه ای مانند تئاتر و نمایش های دیگر.

۳. ضبط تصویری یا صوتی اثر بر روی صحنه یا نوار یا هر وسیله دیگر.

۴. پخش از رادیو و تلویزیون و وسایل دیگر.

۵. ترجمه و نشر و تکثیر و عرضه اثر از راه چاپ و نقاشی و عکاسی و کلیشه و قالب ریزی و مانند آن.

۶. استفاده از اثر در کارهای علمی و ادبی و صنعی و هنری و تبلیغاتی.

۷. به کار بردن اثر در فراهم کردن یا پدید آوردن اثر های دیگری که در ماده دوم این قانون درج شده است.

ماده ۶- اثری که با همکاری دو یا چند پدید آورنده به وجود آمده باشد و کار یکایک آنان جدا و متمایز نباشد اثر مشترک نامیده می شود و حقوق ناشی از آن حق مشاع پدید آورندگان است.

ماده ۷- نقل از اثرهایی که انتشار یافته است و استناد به آنها به مقاصد ادبی و علمی و فنی و آموزشی و تربیتی و به صورت انتقاد و تقریظ با ذکر ماخذ در حدود متعارف مجاز است.

تبصره- ذکر ماخذ در مورد جزوه هایی که برای تدریس در موسسات آموزشی توسط معلمان آنها تهیه و تکثیر می شود الزامی نیست مشروط بر این که جنبه انتفاعی نداشته باشد.

ماده ۸- کتابخانه های عمومی و موسسات جمع آوری نشریات و موسسات علمی و آموزشی که به صورت غیر انتفاعی اداره می شوند می توانند طبق آیین نامه ای که به تصویب هیات وزیران خواهد از اثرهای مورد حمایت این قانون از راه عکسبرداری یا طرق مشابه آن به میزان مورد نیاز و متناسب با فعالیت خود نسخه برداری کنند.

ماده ۹- وزارت اطلاعات می‌تواند آثاری را که قبل از تصویب این قانون پخش کرده و یا انتشار داده است پس از تصویب این قانون نیز کماکان مورد استفاده قرار دهد.

ماده ۱۰- وزارت آموزش و پرورش می تواند کتاب های درسی را که قبل از تصویب این قانون به موجب قانون کتاب های درسی چاپ و منتشر کرده است کماکان مورد استفاده قرار دهد.

ماده ۱۱- نسخه برداری از اثرهای مورد حمایت این قانون، مذکور در بند ۱ از ماده ۲ و ضبط برنامه های رادیویی و تلویزیونی فقط در صورتی که برای استفاده شخصی و غیر انتفاعی باشد مجاز است.

فصل سوم- مدت حمایت از حق پدید آورنده و حمایت های قانونی دیگر

ماده ۱۲- مدت استفاده از حقوق مادی پدید آورنده موضوع این قانون که به موجب وصایت یا وراثت منتقل می شود از تاریخ مرگ پدید آورنده سی سال است و اگر وارثی وجود نداشته باشد یا بر اثر وصایت به کسی منتقل نشده باشد برای همان مدت به منظور استفاده عمومی در اختیار وزارت فرهنگ و هنر قرار خواهد گرفت.

تبصره - مدت حمایت اثر مشترک موضوع ماده ۶ این قانون سی سال بعد از فوت آخرین پدید آورنده خواهد بود.

ماده ۱۳ - حقوق مادی اثرهایی که در نتیجه سفارش پدید می آید تا سی سال از تاریخ پدید آمدن اثر متعلق به سفارش دهنده است مگر آن که برای مدت کمتر یا ترتیب محدود تری توافق شده باشد.

تبصره - پاداش و جوایز نقدی و امتیازاتی که در مسابقات علمی و هنری و ادبی طبق شرایط مسابقه به اثار مورد حمایت این قانون موضوع این ماده تعلق می گیرد متعلق به پدید آورنده خواهد بود.

ماده ۱۴ - انتقال گیرنده حق پدید آورنده می تواند تا سی سال پس از واگذاری از این حق استفاده کند مگر این که برای مدت کمتر توافق شده باشد.

ماده ۱۵ - در مورد مواد ۱۳ و ۱۴ پس از انقضای مدت های مندرج در آن مواد استفاده از حق مذکور در صورت حیات پدید آورنده متعلق به خود او و در غیر این صورت تابع ترتیب مقرر در ماده ۱۲ خواهد بود.

ماده ۱۶ - در موارد زیر حقوق مادی پدید اورنده از تاریخ نشر یا عرضه به مدت سی سال مورد حمایت این قانون خواهد بود:

۱. اثر های سینمایی یا عکاسی.

۲. هرگاه اثر متعلق به شخص حقوقی باشد یا حق استفاده از آن به شخص حقوقی واگذار شده باشد.

ماده ۱۷ - نام و عنوان و نشان ویژه ای که معرف اثر است از حمایت این قانون برخوردار خواهد بود و هیچکس نمی تواند آنها را برای اثر دیگری از همان نوع یا مانند آن به ترتیبی که القا شبهه کند به کار برد.

ماده ۱۸ - انتقال گیرنده و ناشر و کسانی که طبق این قانون اجازه استفاده یا استناد یا اقتباس از اثری را به منظور انتفاع دارند باید نام پدید آورنده را با عنوان و نشانه ویژه معرف اثر همراه اثر یا روی نسخه اصلی یا نسخه های چاپی یا تکثیر شده به روش معمول و متداول اعلام و درج نمایند مگر این که پدید آورنده به ترتیب دیگر موافقت کرده باشد.

ماده ۱۹ - هر گونه تغییر یا تحریف در اثرهای مورد حمایت این قانون و نشر آن بدون اجازه پدید آورنده ممنوع است.

ماده ۲۰- چاپخانه ها و بنگاه های ضبط صوت و کارگاه ها و اشخاصی که به چاپ یا نشر یا پخش و یا ضبط و یا تکثیر اثرهای مورد حمایت این قانون می پردازند باید شماره دفعات چاپ و تعداد نسخه کتاب یا ضبط یا تکثیر یا پخش یا انتشار و شماره مسلسل روی صفحه موسیقی و صدا را بر تمام نسخه هایی که پخش می شود یا ذکر تاریخ و نام چاپخانه یا بنگاه و کارگاه مربوط به حسب مورد درج نمایند.

ماده ۲۱- پدید آورندگان می توانند اثر و نام وعنوان و نشانه ویژه اثرخود را در مراکزی که وزارت فرهنگ و هنر با تعیین نوع آثار آگهی می نماید به ثبت برسانند.

آیین نامه چگونگی و ترتیب انجام یافت تشریفات ثبت وهمچنین مرجع پذیرفتن درخواست ثبت به تصویب هیات وزیران خواهد رسید.

ماده ۲۲- حقوق مادی پدید آورنده موقعی از حمایت این قانونٍ برخوردار خواهد بود که اثر برای نخستین بار درایران چاپ یا نشر یا اجرا شده باشد و قبلاً درهیچ کشوری چاپ یا نشر یا پخش و یا اجرا نشده باشد.

تخلفات و مجازات ها

ماده ۲۳- هرکس تمام یا قسمتی از اثر دیگریٍ را که مورد حمایت این قانون است به نام خود یا به نام پدید آورنده بدون اجازه او یا عامداً به شخص دیگری غیر از پدید آورنده نشر یا پخش یا عرضه کند به حبس تادیبی از شش ماه تا سه سال محکوم خواهد شد.

ماده ۲۴- هرکس بدون اجازه ترجمه دیگری را به نام خود یا دیگری چاپ و پخش و نشرکند به حبس تادیبی ازسه ماه تا یک سال محکوم خواهد شد.

ماده ۲۵- متخلفین ازمواد ۱۷-۱۸-۱۹-۲۰ این قانون به حبس تادیبی ازسه ماه تا یک سال محکوم خواهند شد.

ماده ۲۶- نسبت به متخلفان ازمواد ۱۷-۱۸-۱۹-۲۰ این قانون درمواردی که به سبب سپری شدن مدت حق پدید آورنده استفاده از اثر با رعایت مقررات این قانون برای همگان آزاد است وزرات فرهنگ و هنر عنوان شاکی خصوصی را خواهد داشت.

ماده ۲۷- شاکی خصوصی می تواند از دادگاه صادر کننده حکم نهایی درخواست کند که مفاد حکم دریکی از روزنامه ها به انتخاب و هزینه او آگهی شود.

ماده ۲۸- هرگاه تخلف ازاین قانون شخص حقوقی باشد علاوه برتعقیب جزایی شخص حقیقی مسئول که جرم ناشی ازتصمیم او باشد خسارت شاکی خصوصی از اموال شخص

حقوقی جبران خواهد شد و در صورتی که اموال شخص حقوقی به تنهایی تکافو نکند ما به التفاوت از اموال مرتکب جرم جبران می شود.

ماده ۲۹- مراجع قضایی می توانند ضمن رسیدگی به شکایت شاکی خصوصی نسبت به جلوگیری از نشر وپخش و عرضه آثار مورد شکایت و ضبط آن دستور لازم به ضابطین دادگستری بدهند.

ماده ۳۰- اثرهایی که پیش از تصویب این قانون پدید آمده از حمایت این قانون برخوردار است.

اشخاصی که بدون اجازه از اثرهای دیگران تا تاریخ تصویب این قانون استفاده یا بهره برداری کرده اند حق نشر یا اجرا یا پخش یا تکثیر یا ارائه مجدد یا فروش آن آثار را ندارند مگر با اجازه پدید آورنده یا قائم مقام او با رعایت این قانون. متخلفین ازحکم این ماده و همچنین کسانی که برای فرار از کیفر به تاریخ مقدم بر تصویب این قانون اثر را به چاپ رسانند یا ضبط یا تکثیر یا از آن بهره برداری کنند به کیفر مقرر در ماده ۲۳ محکوم خواهند شد.

دعاوی و شکایاتی که قبل ازتصویب این قانون در مراجع قضایی مطرح گردیده وبه اعتبار خود باقی است.

ماده ۳۱- تعقیب بزه های مذکور در این قانون با شکایت شاکی خصوصی شروع و با گذشت او موقوف می شود.

ماد ۳۲- مواد ۲۴۵و ۲۴۶ و ۲۴۷و۲۴۸ قانون مجازات عمومی۱ ملغی است

ماده ۳۳- آیین نامه های اجرایی این قانون از طرف وزارت فرهنگ وهنر و وزارت دادگستری و وزارت اطلاعات تهیه و به تصویب هیات وزیران خواهد رسید.قانون فوق مشتمل برسی و سه ماده و سه تبصره پس از تصویب مجلس سنا درتاریخ روز دوشنبه سوم آذرماده ۱۳۴۸ درجلسه روز پنجشنبه یازدهم دی ماه یکهزار و سیصد و چهل و هشت شمسی به تصویب مجلس شورای ملی رسید.

۳۲. از Google+ به عنوان یک محل اجتماع اینترنتی برای در ارتباط بودن با مخاطبانتان استفاده کنید.

شاید ندانید یکی از پر طرفدار ترین شبکه های اجتماعی در ایران Google+ میباشد. گفتنی است که در بعضی از انجمن های گوگل پلاس بیش از ۸۰۰ هزار نفر عضو ایرانی فعالیت می کنند. به جرات می توان گفت گوگل پلاس بهترین شبکه اجتماعی در سطح دنیا میباشد. چرا که ویژگی های Google+ را نمیتوان در هیچ شبکه اجتماعی دیگری پیدا نمود.

عضویت در شبکه اجتماعی گوگل پلاس نیازمند داشتن حساب کاربری گوگل می‌باشد. پس ابتدا اگر حساب کاربری گوگل (Gmail) ندارید یکی برای خود بسازید. برای یادگیری از نحوه ساخت حساب کاربری Google به پست ساخت حساب کاربری گوگل مراجعه کنید.

برای عضویت در گوگل پلاس می توان از دو روش مختلف استفاده نمود یک با استفاده از Google+ Application دو عضویت از طریق مرورگر، برای شروع از طریق یک مرورگر همانند Google Chrome یا Firefox ابتدا به حساب کاربری گوگل خود Login شوید سپس وارد صفحه Google+ شوید. حال از سمت چپ روی گزینه Join Google+ کلیک کنید. در صفحه باز شده اطلاعات مربوط به نام و نام خانوادگی، جنسیت، تاریخ تولد را وارد کنید سپس تیک گزینه I understand the changes to Picasa Web Albums when I create a profile را بگزارید و روی گزینه Create Profile کلیک کنید.

در صفحه بعد با کلیک روی آیکون + پنجره مربوط به Pick a Photo باز میشود با کلیک بر روی گزینه Upload Photo یک عکس برای تصویر پروفایل خود انتخاب کنید.

پس از انتخاب تصویر روی گزینه Save کلیک کنید. به همین سادگی شما عضو گوگل پلاس شدید.

۳۳. در مورد خودتان تحقیق کنید:

در گوگل نام خودتان را جستجو کنید و ببینید که چه چیزهایی نمایش داده می شوند، آیا شگفت زده می شوید یا اینکه احساس خجالت می کنید؟

برای این کار کافی است نام و نام خانوادگی خودتون را در موتورهای جستجو مثل یاهو و

گوگل بنویسید و جستجو را بزنید ببینید شما را چه وب سایت هایی معرفی می کنند و در مورد شما چه چیزهایی عنوان می شود. بایستی مطالب مورد نیاز جهت معرفی خودتون رو در وب سایت های و فوق وارد و به معرفی خود جهت دهی نمائید.

۳۴. به ارزش خودتان بیافزایید:

به تمام کارهایی که در جهت معرفی خود به عنوان یک نویسنده و یا تولید کننده محتوا انجام داده اید نگاه کنید و از خودتان بپرسید: "چه کار دیگری برای ارزشمند تر نشان دادن خودم می توانم انجام دهم؟"، بیشتر تلاش کنید. افراد اگر متوجه شوید که هر روز به ارزش شما افزوده می شود، بیشتر جذب شما می شوند.

۳۵. مفید واقع شوید:

مطالب مفیدی که می خوانید و یا می دانید را با دیگران به اشتراک بگذارید، پاسخگوی پرسش های مخاطبانتان باشید، همچون یک مرجع عمل کنید. از خواننده ها و طرفداران خودتان بپرسید با چه مسائلی در حوزه ی تخصصی شما مواجه هستند و جواب سوالات آن ها را بیابید. تجارب، شکست ها و موفقیت های خودتان را با آن ها به اشتراک بگذارید تا کمکی باشند جهت دستیابی به نتایجی که در پی آن هستند.

چگونه فردی مفید و موثر برای خود و دیگران باشیم؟

دارای نظام ارزشی باشید

اما منظور از یک نظام ارزشی چیست؟ توضیح دادنش قدری مشکل است. حدس من بر این است که بگویید دنیا بر اساس یک نظام ارزشی حرکت می کند. این همان چیزی است که گمان می کنید بعد از مرگتان برای شما اتفاق خواهد افتاد. موضوع بر سر این است که وقتی شب فرا می رسد و یا با مشکلی روبه رو می شوید، با چه کلماتی نیایش می کنید.

یک نظام ارزشی باید ارزشی را به نمایش بگذارد. مجبور نیستید نظام ارزشی خود را به دیگران ثابت کنید، مجبور نیستید آن را توجیه کنید، مجبور نیستید آن را به زور به دیگران بقبولانید. کافی است درباره ی نظام ارزشی خود تصمیم بگیرید.

برنامه ای داشته باشید

باید برای خود برنامه ای داشته باشید. برنامه در حکم یک نقشه، یک راهنما،یک مسیر،یک جاده و یک راه کار است. برنامه به شما می گوید که به راهی می روید، کاری می کنید و در زمان معینی به جایی می رسید. برنامه ساختار زندگی شما را فراهم می آورد، به زندگی شما شکل می بخشد، اما لزوما" همه ی برنامه ها موثر واقع نمی شوند. همه ی نقشه ها هم به محل گنج نمی رسند. با این حال اگر نقشه داشته باشید بهتر می توانید به نتیجه برسید.

البته صرف داشتن یک برنامه بدین معنا نیست که باید به آن بچسپید و از آن تبعیت و پیروی کنید. می توانید هر لحظه ای که بخواهید در برنامه ی خود تجدید نظر کنید، می توانید آن را بهبود ببخشید، می توانید در هر لحظه که لازم بود آن را تغییر بدهید. برنامه نباید سخت و بی انعطاف باشد. شرایط تغییر می کند، شما تغییر می کنید، برنامه تان عوض می شود. جزئیات برنامه مهم نیستند، مهم داشتن برنامه است.

بخشی از راه حل باشید نه بخشی از مسئله

این چیزی بیش از خوب بودن است. خواهان شکوه بودن و نه خوار و خفیف بودن، بیش از خوب بودن است. این موضوعی درباره ی مثبت بودن است. اگر برای این دنیا این سیاره ی زیبا و چشم گیر کاری صورت ندهیم، به یک جهنم واقعی تبدیل می شود.

از این رو، این قانون می گوید که هر کس باید شخصاً به راه حل کمک کند. باید دست به کار شویم. راه حل پیدا کنیم، کاری صورت دهیم، اهتمامی بروز دهیم. اگر می خواهید زندگی خوبی داشته باشید، اگر می خواهید موفق باشید، باید چیزی را به حالت قبل برگردانید. باید وام خود را باز پس بدهیم. باید در زندگی سرمایه گذاری دوباره کنیم. و معنایش این است که از خود علاقه نشان دهیم و بخواهیم شرایط بهتر شود.

منشاء اثر خیر بشوید

تردید ندارم که ما خودمان نخواستیم که متولد شویم. این را هم می دانم که این دنیا چیزی به ما مدیون نیست. بله ما برای متولد شدن حق انتخاب نداشتیم، اما وقتی به این دنیا می آییم آب و غذا می خوریم، سرگرم می شویم و تفریح می کنیم، به چالش کشیده می شویم و درس می خوانیم همه ی این ها را به ما می دهند تا هر کاری را که دوست داریم انجام بدهیم. دنیا برایمان دستاورد های فراوان دارد. در همه ی زمینه ها سخاوت به خرج دهید، در سخاوتمندی هم سخاوت به خرج دهید. مجبور نیستید که به کسی پول

بدهید، اما می توانید به دیگران محبت کنید و وقتی را صرف آنها نمایید. اگر از استعدادی برخوردارید از آن برای کمک به دیگران استفاده کنید. اگر تسهیلات و امکاناتی دارید آن را در اختیار دیگران قرار دهید. اگر می توانید کاری کنید که شرایط دیگران بهتر شود، اگر از نفوذی برخوردارید، از آن به سوی دیگران استفاده کنید. اما اگر فاقد این توانمندی ها هستید در مقیاس کم، کاری صورت بدهید. از خلاقیت های خود استفاده کنید.

حدس می زنم همه بتوانیم از خود بپرسیم:

- آیا این دنیا به این دلیل که من در آن زندگی می کنم سرشارتر شده است؟
- آیا وقتی از این دنیا بروم، به دلیل آن که اینجا زندگی کرده ام به محیط بهتری تبدیل شده است؟
- آیا تفاوتی در زندگی کسی ایجاد کرده ام؟
- آیا چیزی از خود به یادگار گذاشته ام؟

۳۶. روی خودتان سرمایه گذاری کنید:

در این حین که برای حرفه ای تر شدن و افزایش میزان اعتبار خودتان تلاش می کنید، دوره‌ها، کتاب‌ها، کنفرانس ها و افرادی را که می‌توانند در مسیر شما به سمت موفقیت تأثیرگذار باشند را بیابید و از آن ها بهره ببرید.

ما ایرانی ها همیشه برای کارهای مختلف هزینه های زیادی انجام می دهیم مثلاً یک شرکت دایر می کنیم کلی هزینه تجهیز دفتر مثل میز و صندلی و کامپیوتر و فکس و منشی و مبلمان هزینه های زیادی را متحمل میشویم ولی وقتی نوبت آموزش خودمون میرسد دنبال آموزش‌های رایگان از اینترنت هستیم در صورتی که با سختی آموزش هایی را جست و گریخته بدست می آوریم ولی هیچ وقت آنها را عملی نمی کنیم در صورتی که برای آموزش خودمون هزینه صرف کنیم سعی داریم چون بابت این آموزش ها هزینه کردیم آنها را بکار برده و اجرایی کنیم. پس برای آموزش خودتون هزینه کنید تا به درجات بالای موفقیت برسید.

۳۷. سخنرانی کنید:

از فرصت هایی که برایتان پیش می آید استفاده کنید و سخنرانی کنید، این کار نه تنها باعث می شود که آثار خود را معرفی کنید بلکه به تجربیات و صراحت شما می افزاید.

بدون تردید یکی از نقاط قوت استیو جابز، سخنرانی های فوق العاده ی او بود. به طوری که بسیاری او را در این زمنیه صاحب سبک می دانند و تکرارنشدنی. اما واقعیت این است که وی از ترکیب تکنیک های شناخته شده ی سخنرانی و آئین ذن بهره می برد و با تمرین فراوان و البته استعداد ذاتی اش، آنها را به کمال رساند. استیو جابز بارها ثابت کرد که وقتی دیگران هنگام سخنرانی فقط اطلاعاتشان را انتقال می دهند، او به مخاطبینش روحیه می بخشید. او با استفاده از این هنر، حتی اشکالات محصولات را طوری معرفی می کرد که نقطه مثبت به نظر بیایند.

Carmine Gallo یکی از متخصصینی است که بررسی های فراوانی بر روی استیو جابز انجام داده که حاصل آنها دو کتاب و ده ها مقاله ی منتشر شده در مجلات معتبر است. وی با تحلیل سخنرانی های استیوجابز، ۱۰ اصل مهم برای تاثیر گذاری بر روی مخاطب، را از آنها استخراج کرده است. پس اگر می خواهید یک سخنرانِ درجه یک شوید، حتما متن زیر را بخوانید!

۱. زمینه سازی

" امروز چیزی در آسمان (air) وجود دارد "! جابز با این کلمات، زمینه را برای معرفی محصول جدیدش محیا ساخت - مک بوک ایر. هر سخنی نیاز به یک سری زمینه سازی ها دارد، ولی همیشه نیاز نیست که آن را در اول بیان کنید. برای مثال، سال ۲۰۰۷، استیو جابز بعد از ۲۰ دقیقه صحبت، موضوع اصلی را مطرح کرد. " امروز اپل، تلفن همراه را دوباره اختراع کرده است "

۲. نشان دادن اشتیاق

جابز اشتیاق خود به طراحی کامپیوتر را نشان می داد. در طول سخنرانی هایش، او از کلماتی مانند " فوق العاده "، " شگفت انگیز "، و " جالب " استفاده می کرد. حتی هنگام معرفی یکی از قابلیت های آی فون، می گفت " لعنتی خیلی عالی کار می کنه ". به یاد داشته باشید که شنونده انتظار دارد متعجب شود و به شوق بیاید، نه این که خوابش ببرد. وقتی چیزی را معرفی می کنید و در حال سخنرانی هستید، شخصیت خودتان را به سخنرانی تزریق کنید.

۳. مشخص کردن چارچوب

جابز طرح کلی سخنرانی را با این جمله تعیین می کرد: " امروز در مورد چهار نکته بحث خواهیم کرد. پس شروع کنیم. " بعد از تعیین چارچوب، جابز شروع به توضیح دادن این چهار نکته می کرد و آنها را با عباراتی مناسب به یکدیگر ربط می داد. مثلاً بعد از شرح دادن چندین قابلیت جدید در آی فون، می گفت " آی فون همین طور نخواهد ماند. ما دائماً در حال پیشرفته تر و بهتر کردن آن هستیم. این دومین نکته ای بود که می خواستم در موردش حرف بزنم. نکته سوم در مورد آی تونز است. " به این صورت باید شنونده را راهنمایی کنید.

۴. اعداد را معنی دار بیان کنید

وقتی جابز اعلام می کرد که ۴ میلیون آی فون به فروش رفته است، این رقم را همین طور خشک و خالی بیان نمی کرد. در ادامه می گفت: " این یعنی ۲۰۰۰۰ آی فون در هر روز." و اضافه می کرد: " این یعنی چه؟ " بعد از آن جابز به وضعیت فروش آی فون در آمریکا و سهم آن از بازار اسمارت فون اشاره می کرد و بر تاثیر این عدد افزود. او همچنین می گفت که سهام بورس شرکت برابر است با مجموع سهام سه رقیب اصلی اش. اعداد به تنهایی تاثیر زیادی ندارند مگر این که به درستی به کار روند.

۵. لحظه ای فراموش نشدنی بسازید

این لحظه باید لحظه ای باشد که همه در موردش صحبت می کنند. هر سخنرانی ای که استیو جابز می کرد، یک قسمت مهم داشت. مثلا در سخنرانی معرفی مک بوک ایر، برای نشان دادن این که چه مقدار نازک است، جابز گفت که در یک پاکت هم جا می شود. وقتی جابز یک پاکت را آورد که مک بوک ایر را درون آن قرار داده بود، باعث شد آن لحظه برای همیشه به یاد بماند. شما هم سعی کنید یک چنین لحظه ای را در سخنرانی خود به وجود آورید.

۶. اسلاید های تصویری طراحی کنید

وقتی اکثر افراد اسلاید های خود را از اعداد و متون و جداول پر می کنند، جابز دقیقا برعکس این کار را انجام می داد. در اسلاید های او نشانی از متن نبود. اکثر اسلاید هایش، فقط یک تصویر داشتند. مثلا وقتی شروع می کرد و می گفت: " اولین چیزی که می خواهم در موردش بحث کنم، ..."، اسلایدی را نمایش داد که در آن عدد ۱ را نوشته بود. همین. وقتی در مورد آی فون حرف می زد، تنها چیزی که در اسلاید دیده می شد، عکسی از آن بود. از متن خیلی کم استفاده شده بود. در حد سه چهار کلمه. مثلا در یک اسلاید، جمله " چیزی در آسمان وجود دارد " نوشته شده بود. یکی از بهترین راه ها برای جلب توجه مخاطب، استفاده از تصاویر است که استیو جابز آنرا به خوبی انجام می داد.

۷. یک نمایش اجرا کنید

جابز در سخنرانی هایش از هر چیزی استفاده می کرد. کلیپ ویدیویی، اسلاید، و یا دعوت یک نفر به صحنه و ... با استفاده از این روش ها می توانید به سخنان خود جذابیت بخشیده و نظر مخاطب را جلب کنید.

۸. هنگام اشتباه کردن، دستپاچه نشوید

هر قدر هم که تمرین کرده باشید و آمادگی داشته باشید، باز هم این امکان وجود دارد که اشتباهی رخ بدهد. مثلا یک بار جابز می خواست چند تصویر از اینترنت نشان بدهد. هنگامی که منتظر نمایش آنها بود، مشکلی پیش آمد و تصاویر نمایش داده نشدند. جابز لبخندی زد و گفت: " مثل این که Flickr عکس ها را امروز آماده نکرده." بعد هم در مورد چند تا نکته جدید بحث کرد. به همین سادگی. بعضی افراد بعد از رخ دادن اشتباه کوچکی، سریع

دستپاچه می شوند. این کار درست نیست زیرا هیچ کس آن اشتباه کوچک را به یاد نخواهد آورد، مگر این که بیش از اندازه بزرگش کنید.

۹. از فواید بگویید

در حالی که اکثر افراد، مزیت ها و قابلیت های محصول شان را تبلیغ می کنند، جابز سعی می کرد، فواید ملموسِ آن را گوشزد کند. مثلا وقتی در مورد آی تونز حرف می زد، می گفت: " فکر می کنیم راه بهتری برای ارائه فیلم و ویدیو به کاربران وجود دارد. " و فایده آن را این طور توصیف کرد: " ما هرگز اجاره آهنگ را پیشنهاد نکرده ایم، چون مردم دوست دارند که آن را برای خودشان داشته باشند. شما به اهنگ مورد علاقه تان هزار بار گوش می کنید. ولی فیلم را فقط یک بار می بینید. پس اجاره کردن فیلم راه خوبی است. ارزان است و فضای کمی را در کامپیوتر شما اشغال می کند ... " شنونده همیشه با خودش می گوید: " حالا چه چیزی به من می رسد؟ " به این سوال پاسخ دهید. مجبورشان نکنید که پاسخ دهند. کاملا شفاف توضیح دهید که چه سودی برای آن ها دارد.

۱۰. تکرار، تکرار، تکرار

نمی توان یک مسئله پیچیده را بدون تکرار توضیح داد. کارکنان اپل می گویند که جابز یک موضوع را بارها و بارها برایشان توضیح می داد. در سخنرانی هایش هم این نکته دیده می شد که بعضی مطالب را بار ها تکرار می کند و به وسیله همین تکرار ها، سخنانش را با اسلاید ها هماهنگ می کند. مثلا وقتی داشت در مورد سیستم اجاره فیلم در آی تونز صحبت می کرد، درست در زمانی که شروع به صحبت کردن در مورد یک فیلم کرد، پوستر آن فیلم هم در صفحه ظاهر شد. تمام سخنرانی، هماهنگ شده بود.

۳۸. با دیگر نویسندگان و تولید کنندگان محتوا و افراد تاثیرگذار مصاحبه داشته باشید:

بسیاری از این افراد حاضر هستند که از طریق اینترنت با شما مصاحبه داشته باشند. حتی فراموش نکنید که با بسیاری از آن ها می توانید به صورت حضوری مصاحبه کنید. اجازه ندهید فاصله ی جغرافیایی مانع شما باشد.

نوشتن وتولید اثر آسان نیست. حتی شاید بتوان گفت بسیار هم دشوار است. چرا؟ چون

نوشتن درواقع همان فکر کردن است اما روی کاغذ. دیوید مک کالو،برنده پولیتزر درباره نوشتن جمله جالبی دارد: برای خوب نوشتن باید خوب فکر کرد، به همین خاطر نوشتن بسیار دشوار است.

بسیاری از نویسندگان بزرگ همچون جوآن دیدیون (نویسنده و روزنامه نگار معروف آمریکایی) و دُن دلیلو (نویسنده و روزنامه نگار معروف آمریکایی برنده جایزه پِن و فالکنر) هدفشان از نوشتن را، نظم بخشیدن به افکار خود عنوان کرده و روند نگارش را چیزی شبیه آشنا شدن با عملکرد ذهن خود توصیف کرده اند.

هانتر اس. تامپسون در یکی از مقاله های خود در سال ۱۹۵۸ نوشت: من متوجه شده ام با نوشتن می توانم چیزهایی که درباره شان می نویسم را بهتر درک کنم و آنها بسیار عینی تر از گذشته بیابم. واژه ها، صرفا ابزارند، ابزاری که اگر درست به کار گرفته شوند حتی قادرند به زندگی شما نظم و ترتیب بدهند.

اگر شما هم، نویسنده یا تولید کننده محتوا هستید احتمالا هم به هنر خود عشق می ورزید و هم از آن نا امید شده اید. اما حتی نویسندگان بسیار با استعداد نیز گاهی اوقات می توانند از راهنمایی های بزرگان برای ارتقای قدرت تفکر خود استفاده کرده واز خلاقیت آنها بهره مند شوند. بنابراین توصیه می کنیم با ذهن نویسندگی خود، به راهنمایی های بزرگانی چون هنری میلر، زادی اسمیت و ویلیام فاکنر که در ادامه می آید توجه کرده و با کمک انها بهترین اثر خود را خلق کنید.

در ادامه برخی از راهنمایی ها، ترفند ها، خصلت ها و عادات الهام بخش نویسندگان بزرگ را ذکر کرده ایم تا با کمک آنها بتوانید همچون یک نویسنده فکر کرده و خلاقیت خود را در نگارش بهینه سازی کنید.

۱. مطالعه آثار بزرگان

هانتر تامپسون به رونویسی کردن از رمان های ارنست همینگوی معروف بود. او این کار را فقط برای شناختن و فرا گرفتن واژه ها انجام می داد. او از روی رمان های "خورشید هم طلوع می کند" و" وداع با اسلحه" همینگوی یک دور کامل به محض اینکه ایده یا تکلیف بزرگ نوشتن در مقابلتان قرار گرفت تا آن را به واژه تبدیل کنید، به راحتی در دامنه تعهد نگارش آن غرق خواهید شد.

۲. همه چیز را با دقت مشاهده کنید

مارینا کیگان، نویسنده جوان و درخشانی بود که درست پنج روز پس از فارغ التحصیلی اش از دانشگاه ییل با نمره عالی، به شکل غم انگیزی درگذشت. آخرین نوشته وی در ییل دیلی نیوز با نام "دربرابر تنهایی"، در یک هفته پس از انتشارش بیش از ۱ میلیون بار مورد بازدید قرار گرفت. با بررسی عمر کوتاه زندگی حرفه ای او شاید بتوان گفت که کیگان استاد هنر مشاهده بوده است. هنری که بزرگترین سرمایه یک نویسنده است.

وی در درخواست خود برای حضور در کلاس نگارش به شیوه اول شخص دانشگاه ییل، نوشت:

"حدود سه سال پیش شروع به نوشتن یک فهرست کردم. این فهرست ابتدا در یک دفترچه یادداشت نوشته می شد اما اندک اندک به یکی از صفحات همیشه باز واژه پرداز رایانه شخصی ام بدل شد. من نام این لیست را فهرست چیزهای جالب گذاشتم و قبول دارم که اندک اندک، تکمیل روزانه این فهرست به یکی از عادت های همیشگی من بدل شد.

۳. رویا پردازی های روزانه

رویاپردازی شاید عادت چندان پسندیده ای نباشد اما می تواند شما را در پیوند خوردن با احساسات و افکارتان یاری رساند. رویاپردازی منبع تمامی نوشته های خوب (و بد) است. بی جهت نبود که جوآن دیدین تعمق خویش را اینگونه بیان می کند که: آیا جز این است که تنها با رویا پردازی و نوشتن می توانم به اندیشه هایم دست پیدا کنم؟

۴. نوشتن وتولید محتوا از تجربه های واقعی شخصی

گابریل گارسیا مارکز در مصاحبه ای با پاریس ریویو، بر اساس تجربه های شخصی خود به

نویسندگان جوان توصیه کرد، آنچه را که می دانند بنویسند:

"اگر از من بخواهید که توصیه ای به نویسندگان جوان بکنم، من به آنها می گویم که آن چیزی را بنویسند که زمانی برای خودشان اتفاق افتاده است.

گرترود استین، درباره فرایند نوشتن می گوید: حس خلاقانه نوشتن خواهد آمد، البته اگر وجود داشته باشد و شما اجازه صادر کنید.

۵. نوشتن و تولید محتوا اولین اولویت شما باشد

هنری میلر در ده فرمان برای نوشتن خود آورده است: نویسنده جدی باید هنر و حرفه خود را بالاتر از هر چیزی قرار دهد. میلر توصیه می کند: اول از هر کاری بنویسید. نقاشی کردن، گوش دادن به موسیقی، وقت گذرانی با دوستان، سینما رفتن و همه کارهای دیگر باید در اولویت های بعدی نوشتن قرار بگیرند.

۶. منبع الهام بخش خلاقه خود را (در هر جا که ممکن است) بیابید

گرترود استین، درباره فرایند نوشتن می گوید: حس خلاقانه نوشتن خواهد آمد، البته اگر وجود داشته باشد و شما اجازه صادر کنید.

اما برای اینکه حس نوشتن بیاید، باید یک منبع الهام بخش خلاقانه برای خود پیدا کرده و مرتبا به آن رجوع کنید. استین می گوید، بهترین ایده کارهایش زمانی به ذهنش رسید که در حین رانندگی به گاوی کنار جاده خیره شد. او تنها ۳۰ دقیقه در روز می نوشت و مابقی وقت خود را در اطراف مزارع رانندگی می کرد و هر گاه گاو متفاوتی پیدا می کرد، به آن خیره می شد تا ایده خلاقانه ای مناسب روحیاتش به ذهنش خطور کند.

۷. آنچه را انتخاب کرده اید بپذیرید

آیا دوست دارید مانند یک نویسنده زندگی کنید؟ عالیه! اما مطمئنید که مجذوب یک مدل ایده آلیستی از زندگی نویسندگی نشده اید که هیچ تطابقی با واقعیت ندارد؟ مارگارت آتوود در گاردین نوشته است:

"برای نویسنده شدن، احتمالا نیاز به یک فرهنگنامه جامع، یک کتاب دستور زبان ابتدایی و

البته چسبیدن به واقعیت دارید!. این آخری یعنی اینکه: هیچ چیز مجانی نیست. نویسندگی کار و حرفه شماست. در عین حال نوعی قمار است. شما هرگز حقوق بازنشستگی دریافت نخواهید کرد شاید سایر مردم اندکی به شما کمک کنند اما در کل باید روی پای خودتان بایستید. هیچ کس مجبورتان نکرده که نویسنده باشید. خودتان نویسندگی را انتخاب کرده اید،پس ناله و شکایت نکنید.

۸. گوشه ای دنج برای تنهایی بیابید

زادی اسمیت در قوانینی برای نویسندگان نوشته: از گروه ها و جمعیت ها دوری کنید. هانتر تامپسون به رونویسی کردن از رمان های ارنست همینگوی معروف بود. او این کار را فقط برای شناختن و فرا گرفتن واژه ها انجام می داد. او از روی رمان های "خورشید هم طلوع می کند" و" وداع با اسلحه" همینگوی یک دور کامل نوشت به امید اینکه بتواند معرفت و بینش بت ادبی خود را بیش از پیش درک کند.

۹. خودتان را روانکاوی کنید

اگر هنوز برای نوشتن مطالب خود گیج هستید و یا اصلا مطمئن نیستید که برای نوشتن به اندازه کافی در زندگی خود تجربه کسب کرده اید بهتر است اندکی حافظه خود را مرور کنید. فلانری اوکانر این قانون را اینگونه بیان می کند: هر کسی که از دوران کودکی جان سالم به دربرده، به حد کافی اطلاعاتی از زندگی کسب کرده که بتواند تا آخر عمر درباره شان بنویسد.

۱۰. جمله کلیدی یا ایده اصلی را روی هوا بزنید

به محض اینکه ایده یا تکلیف بزرگ نوشتن در مقابلتان قرار گرفت تا آن را به واژه تبدیل کنید، به راحتی در دامنه تعهد نگارش آن غرق خواهید شد. اما در تمامی آثار بزرگ داستانی و غیر داستانی، یک اتفاق ثابت همواره رخ داده است. همیشه یک ایده، یک جمله یا یک پاراگراف است که باید در لحظه مناسب جلوی دیدگان نویسنده قرار بگیرد.

آنا لموت در کتاب پرنده با پرنده، که مجموعه نصیحت هایی است درباره زندگی و نوشتن، می نویسد: نویسندگان باید یاید بگیرند که پروژه های خود را همچون گام های آغازین نوزاد به پیش ببرند. نویسنده کتاب مواهب سفر کردن می نویسد:

برادر بزرگم تلاش می کرد تا گزارشی را درباره پرندگان بنویسند که سه ماه برای آن وقت داشت و فردا روز تحویل دادن آن بود. ما همه دور هم در اتاق نشیمن جمع شده بودیم و او روی میز آشپزخانه نشسته بود در حالیکه اطرافش را کاغذ های سفید، خودکارهای جورواجور و کتاب های بازنشده ای درباره پرندگان احاطه کرده و او بهت زده از وظیفه سنگین نوشتن گزارش نزدیک بود از شدت ناراحتی گریه کند. سپس پدرم در کنار او نشست، به آرامی دست روی شانه هایش نهاد گفت: پرنده با پرنده رفیق، فقط اینطور فکر کن که پرنده با پرنده است.

۱۱. تنها با خودتان رقابت کنید

ویلیام فاکنر که هنرمند را "موجودی رانده شده توسط شیاطین" می داند، همیشه از کار خود ناراضی بود. اگرچه نارضایتی تا حدودی اجتناب ناپذیر است، اما اگر دست از مقایسه کردن کارهایتان با آثار دیگران بردارید، اندکی جلوی این حس گرفته می شود.

فاکنر در سال ۱۹۵۶ در مصاحبه ای با پاریس ریویو گفت: نویسندگان هرگز نباید از کاری که انجام داده اند راضی باشند. نوشته ها هرگز به آن خوبی که باید باشند از کار در نمی آیند. خود را با مقایسه کردن های بیهوده با پیشینیان و معاصرانتان عذاب ندهید. فقط سعی کنید از خودتان بهتر باشید.

۱۲. فقط انجامش بدهید

استفان کینگ درباره اینکه چگونه می توان نویسنده نیرومندی شد، دو نکته دارد، و تقریبا تمام حرفهای بالا به همین جا ختم می شود: زیاد بخوانید و زیاد بنویسید. من هیچ راهی به جز این دو بلد نیستم، هیچ میانبری وجود ندارد.

۱۳. و این کار را با لذت انجام دهید

جویس کارول اوتس، در قوانین شماره یک تا ده خود برای نویسنده خوب شدن (که از طریق توئیتر منتشر شده) می نویسد: با قلب خود و از سر عشق بنویسید.

به امید آن روز.

۳۹. برای نشریه های مختلف، مطلب بفرستید:

برای مجلات تحقیقاتی، روزنامه ها، مجلات، نشریه ها و... مطالبی مرتبط با حوزه ی کاری خودتان ارسال کنید تا مخاطبان شما مطالب شما را بخوانند.

در تعریف مقاله مطبوعاتی گفته‌اند: «نگارش و توسعه عقیده با استفاده از موضوع خبری و بهره‌گیری از روش‌های صحیح نویسندگی، با رعایت نظمی منطقی و خلاصه مقاله مطبوعاتی است.

از ویژگی‌های مقاله‌های مطبوعاتی، نخست اخباری بودن و سپس خلاصه وکوتاهی آنهاست. مقاله‌های مطبوعاتی باید برای عموم مردم جذاب باشد پیدایش مقاله‌نویسی در مطبوعات به زمان ظهور رادیو و تلویزیون و توسعه اطلاع‌رسانی توسط این رسانه‌ها برمی‌گردد. در این زمان روزنامه‌ها مجبور بودند در مقابل این رسانه‌های فراگیر که در کمترین زمان به نقل اخبار می‌پرداختند به سمت کارکردهای دیگر خود یعنی نقد و نظر درباره اخبار بروند

اصولاً مقاله‌های مطبوعاتی به سه دسته کلی - مقاله‌های ساده خبری- مقاله‌های تخیلی، داستانی و توصفی- مقاله‌های علمی، تحقیقی تقسیم می‌شوند که هر کدام شامل زیرمجموعه‌های دیگری می‌باشند.

مقاله‌های ساده خبری

۱. سرمقاله (Editorial)

مقاله‌ای که در نشریات معمولاً جای ثابتی دارد و محتوای آن درباره یک موضوع یا رویداد خبری یا غیرخبری است. سرمقاله نظر و دیدگاه گردانندگان نشریه درباره موضوعی خاص است و برای نشریه دارای بار حقوقی بوده و ایجاد مسؤولیت می‌کند.

۲. یادداشت (opinion)

از فراگیرترین مقاله‌های کوتاه مطبوعاتی هستند که معمولاً جای ثابتی ندارند مگر به طور مستمر نوشته شوند. نشر این گونه مقاله‌ها متنوع است و از نظر حجم، معمولاً در حد یک ستون روزنامه است. این گونه مقاله‌ها با عناوین مختلف دیدگاه، نظر، نگاه، یادداشت روز و... به چاپ می‌رسد و صرفاً نظر نویسنده را بیان می‌کند. دو کلمه حرف حساب گل‌آقا در روزنامه اطلاعات یک نمونه از یادادشت است.

۳. تفسیر و اظهارنظر (commentory)

گزارش اخبار و وقایع، همراه با ارایه عقیده و نظر نویسنده، تفسیر نامیده می‌شود. نویسنده در تفسیر، به عنصر «چرا» در خبر پاسخ می‌دهد. حال ممکن است این رویداد خبری اتفاق افتاده باشد یا در آینده رخ دهد. هر چند در عرف مطبوعات تفسیر فقط رویدادهای سیاسی را در برمی‌گیرد اما در واقع قلمرو تفسیر تمام رویدادهای سیاسی، اقتصادی و اجتماعی را در بر می‌گیرد.اصولاً مفسر هیچگاه حکم قطعی صادر نمی‌کند.

۴. تحلیل و تشریع (interpretxtion)

تحلیل، مقاله‌ای است که نویسنده در آن می‌کوشد تا علل و چگونگی وقوع اخبار و رویدادها را بدون اینکه نظر شخصی خود را مداخله دهد، شرح و بیان کند و به عناصر خبری «چرا» و «چگونه» توأمان پاسخ دهد تحلیل‌گر باید اطلاعات خبری را طوری مثل حلقه زنجیر به هم پیوند دهد که خواننده در لابه‌لای تحلیل او با هیچ گسستگی و ابهامی برخورد نکند.

۵. نقد مطبوعاتی

نقد مطبوعاتی، ارزیابی و قضاوت درباره یک رویداد خبری، هنری، ادبی، سیاسی و فرهنگی است که به منظور بررسی نکات مثبت و منفی آن رویداد صورت می‌گیرد. نقد مطبوعاتی پیچیدگی‌ها، دشواری‌ها و روش‌های علمی نقد ادبی را ندارد چرا که مخاطبان آن عموم جامعه هستند. تفاوت نقد مطبوعاتی با نقد ادبی در خلاصه، توصیفی و اخباری بودن آن است. انواع نقد مطبوعاتی عبارت است از:

الف. نقد فیلم: که در واقع ارزیابی فیلم است و منتقد کسی است که با تکیه بر هوش، تجربه، احساس و دانش می‌کوشد محاسن و معایب یک اثر هنری (فیلم) را ارزیابی کند. دو نوع روش برای نقد فیلم وجود دارد، در روش برون‌نگر منتقد، فیلم را به عنوان یک پدیده جامعه‌شناسی مورد توجه قرار دهد. اما در روش درون‌نگر، منتقد به ارزیابی، قضاوت و تفسیر جنبه‌های هنری فیلم می‌پردازد.

ب. نقد نمایشی: نقد نمایشی یا به صورت نقد عوامل باطنی و تفکر نمایش است و یا به صورت نقد عوامل ظاهری مثل بازیگر، صحنه و... بیان می‌شود.

ج. نقد شعر: شعر گویای یک تفکر و پیام است که نباید ترکیب کلمات، صور خیال، ریتم واژه‌سازی و... از چشم منتقد دور بماند.

د. نقد کتاب: در نقد کتاب، علاوه بر پیام و تفکرات اجتماعی پدیدآورنده آن، عوامل خاص اثر نیز مورد توجه قرار می‌گیرد..

شیوه نگارش مقاله

ارایه پیام در مقاله، در نظر گرفتن سلیقه و خواست خواننده، انتخاب درست نشریه با توجه به موضوع و سرانجام اینکه در کجا و برای چه کسانی می‌نویسیم از مواردی است که یک مقاله‌نویس مبتدی باید بیشتر مورد توجه قرار دهد. نکته اساسی در مقاله‌نویسی این است که مقاله خواه دارای سوژه واقعی و خواه دارای سوژه تخیلی، بایستی حاوی پیام که همان عقیده شخص نویسنده درباره موضوع است باشد.

کارشناسان روزنامه‌نگاری هشت مرحله را برای نوشتن یک مقاله ترسیم کرده‌اند که این مراحل به ترتیب عبارتند از:

۱. موضوع‌یابی

مقاله بدون موضوع و سوژه معنا و مفهومی ندارد یک مقاله‌نویس حرفه‌ای با استفاده از خاطرات و تجربه‌های شخصی خود و دیگران، بهره‌گیری از نشریات، اخبار رادیو و تلویزیون و حتی آگهی‌های تبلیغاتی، می‌تواند به موضوع‌های بکر وجذابی دست یابد. برای مثال گفت‌وگو با یک راننده تاکسی که خاطره‌ای کوتاه روایت می‌کند یا حتی برخی آگهی‌های تبلیغاتی می‌تواند موضوع جالبی را برای خبرنگار ترسیم نماید.

۲. انواع موضوع

اصولاً هر مقاله‌نویس گرد سوژه‌هایی می‌چرخد که با نثر و روحیات وی سازگار باشد. هر چند سوژه‌ها را براساس سرویس‌های یک نشریه می‌توان به سیاسی، اقتصادی، اجتماعی و... تقسیم کرد اما برای تازه‌کاران تقسیمات دیگری شامل سه تقسیم زیر راهگشا خواهد بود.

الف. موضوع‌های عینی و کلی: این موضوع‌ها شامل تمام سوژه‌های سیاسی، اقتصادی، هنری و فرهنگی است که اکثر افراد جامعه با آنها ارتباط دارند مثل ترافیک.

ب. موضوع ذهنی و مبهم: شامل موضوع‌هایی هستند که مادی و ملموس نیستند و هر کس برداشت خاصی از آنها دارد مثل شهامت، حسادت و....

ج. طراحی یک شخصیت: برخی اوقات موضوع یک مقاله حول محور شخصیت یک فرد مثلاً یک ورزشکار دور می‌زند.

۳. ارزیابی موضوع مقاله

قبل از نوشتن یک مقاله باید سوژه آن را به درستی ارزیابی کرد و نحوه تأثیرگذاری، جالب بودن و میزان علاقه مخاطبان را مورد توجه قرار داد. اگر تصور می‌کنید مقاله شما با اقبال عمومی خوانندگان مواجه نخواهد شد آن را ننویسید. در حقیقت اگر فکر می‌کنید حرفی برای گفتن و پیامی برای رساندن ندارید هیچگاه دست به قلم نبرید. اصولاً تهیه مقاله، زمانی مشکل می‌شود که مطلب زیادی برای گفتن وجود نداشته باشد.

۴. تهیه طرح کلی مقاله

از نظر من شباهت‌های بسیار زیادی بین داستان‌نویسی و مقاله‌نویسی وجود دارد. به همین دلیل قبل از هر چیز بهتر است به شیوه آموزش داستان‌نویسی اشاره مختصری داشته باشم.

شیوه داستان‌نویسی

الف. موضوع

ابتدا باید موضوع داستان روشن شود. موضوع می‌تواند با توجه به محیط اطراف و خاطرات پیدا شود. موضوع بر خلاف «پیام» در پی رد یا اثبات عقیده یا نظری نیست.

ب. پیام

پس از انتخاب موضوع باید نظر نویسنده درباره آن روشن شود. نظر نویسنده درباره موضوع داستان را پیام می‌گویند که تمام اجزا و عناصر داستان باید در خدمت این پیام باشد.

ج. طرح

طرح، کلیت و چارچوب اصلی داستان است که باید قبل از نوشتن داستان آماده شود. در طرح باید نقطه شروع، بدنه و پایان قصه کاملاً روشن و واضح باشد. همچنین در طرح باید هر عمل و حادثه‌ای، علتی کاملاً روشن و منطقی داشته باشد و در آن شخصیت اصلی، حادثه اصلی، زمان و مکان داستان مشخص شود.

د. اسم داستان

اسم داستان باید جذاب و خوش‌آهنگ باشد اما طرح داستان را فاش نسازد.

هـ پرداخت داستان

۱. پرداخت شخصیت در داستان

شخصیت‌پردازی باید شامل پرداخت به خصوصیات ظاهری و اخلاقی باشد که از طریق مستقیم (مثلاً توسط یکی از شخصیت‌ها و یا نویسنده) و یا غیرمستقیم (جدال و گفت‌وگو) انجام شود.

۲. پرداخت زمان در داستان

زمان در داستان فقط لحظاتی ذکر می‌شود که حوادث خاصی در آن زمان اتفاق افتاده باشد.

۳. تعریف داستان

تعریف داستان به دو شیوه اول شخص و سوم شخص است.

شیوه مقاله‌نویسی

همانند داستان‌نویسی شما باید یک طرح کلی و خلاصه شده از مقاله را آماده نمایید که در آن شروع مقاله، متن مقاله و انتهای آن مشخص باشد. در طرح کلی مقاله انتخاب نکات مهم و نیز تهیه فهرستی از آنچه می‌خواهید بنویسید یکی از اصول است.

۵. نام مقاله

هر چند احتمال دارد نام مقاله بارها تغییر کند اما انتخاب نام مقاله در ابتدا و قبل از نوشتن، شما را در نگارش مقاله یاری می‌دهد. نام مقاله بایستی در برگیرنده پیام آن مقاله باشد اما طوری که استنتاج و نظر نویسنده را درباره موضوع، فاش نکند.

۶. جمع‌آوری اطلاعات

ذکر آمار و اطلاعات مستند به مقاله شما غنای بیشتری خواهد بخشید. مخصوصاً اگر قصد نوشتن یک مقاله تحقیقی یا علمی را داشته باشید.

اصولاً یکی از رموز موفقیت یک روزنامه‌نگار داشتن آرشیوی شخصی از تمام موضوعات مورد علاقه است آمارها، بریده جراید، کتاب‌های علمی، بروشورهای تبلیغاتی و... همه و همه می‌توانند روزی عصای دست یک مقاله‌نویس حرفه‌ای گردند.برای مثال اگر می‌خواهید مقاله‌ای درباره وضعیت مطبوعات در ایران بنویسید می‌باید حداقل تعداد نشریات و شمارگان چاپی آنها را به‌طور مستند بدانید.

۷. شروع مقاله مثل «لید در خبر» می‌تواند ساده، مستقیم و خبری، باشد و می‌تواند به صورت نقل قول، امثال و حکم، شعر و یا وصفی باشد.

مقاله‌نویسان حرفه‌ای به آغاز یا مقدمه مقاله اهمیت می‌دهند چرا که مقدمه یک مقاله در حقیقت ویترین آن است. ویترینی که ضمن جلب نظر و توجه خواننده به مطالعه مقاله، دارای نکات جدید و تازه‌ای باشد.

در نوشتن یک مقدمه خوب تکنیک‌های زیر به کمک مقاله‌نویس خواهد آمد هر چند ذهن گسترده انسان، خلاقیت روزنامه‌نگاری و ذوق و قریحه نویسنده می‌تواند تعداد بی‌شماری از این روش‌ها را بوجود آورد.

الف. ساده، مستقیم و خبری

در این نوع مقدمه موضوع یا خبر برای خواننده مطرح می‌شود و سپس در یک جریان منطقی - تشریحی با نتیجه‌گیری مقاله به انتها می‌رسد.

ب. نقل قول و اقتباس از افکار و عقاید دیگران

در این نوع مقدمه، نویسنده با یک جمله یا چند نوشته از افکار مشاهیر علمی، ادبی، مذهبی و... مقاله را آغاز می‌کند این نقل‌قول باید در ارتباط با موضوع مقاله باشد و در تقویت اظهارنظر نویسنده مؤثر افتد و جذابیت لازم را ایجاد کند.

ج امثال و حکم

شروع مقاله می‌تواند با ذکر مثل، حکایت و روایت باشد. هر مثل و حکایتی که در ابتدای مقاله نوشته می‌شود باید با موضوع و متن مقاله هماهنگ باشد.

د شعر

آوردن مصرع، بیت یا ابیاتی از شاعران گذشته و حال در ابتدای مقاله می‌تواند به جذابیت مقاله نیز کمک کند. البته علاوه بر ابتدای مقاله در متن مقاله می‌توان برای قدرت بخشیدن به استدلال و نظر ارایه شده، شعر، ضرب‌المثل، حکایت و روایت آورد.

هـ وصفی

مقاله‌نویسی که قلم او دارای قدرت تصویرپردازی و تشریح است معمولاً از چنین روشی برای شروع مقاله استفاده می‌کنند. این روش برای توصیف یک واقعه یا صحنه و عینیت بخشیدن به موضوع و قراردادن خواننده در صحنه، مورد استفاده قرار می‌گیرد.

۸. متن مقاله

نویسنده بایستی قبل از نگارش متن مقاله فهرستی از آنچه می‌خواهد بنویسد (شامل اطلاعات درباره موضوع - سابقه موضوع - استدلال خود درباره موضوع که با کمک منابع مکتوب و غیرمکتوب مثل نظرات دیگران آن را محکم کند - پیام و نتیجه) تهیه کند. البته باید یادآور شد ترتیب قرارگرفتن این فهرست مطالب بستگی تام به نگارش و موضوع مقاله دارد. ممکن است سابقه موضوع پس از ذکر هدف بیاید یا در انتهای مقاله، حتی نتیجه‌گیری را می‌توان پس از شروع مقاله نوشت و سپس برای استحکام بخشیدن آن به استدلال پرداخت.

۴۰. اجازه دهید با شما مصاحبه کنند و ارتباطات رسانه‌ای داشته باشید:

با رسانه‌های محلی همچون، رادیو، روزنامه‌ها، تلویزیون در ارتباط باشید. راهی برای به دام انداختن گزارشگرها پیدا کنید تا منجر شود مخاطبان آن‌ها نیز کتاب شما را تهیه کنند. در مصاحبه‌های مربوطه شرکت کنید و مطالب مرتبط را در وبلاگ خود ارائه دهید. اگر از شما درخواست مصاحبه به هر طریقی (بلاگ، پادکست، تلویزیون، رادیو و...) شد، حتماً قبول کنید و هیچ ترسی از این بابت نداشته باشید.

۴۱. فراتر از محدودیت ها فکر کنید:

از اطلاعات و بینش های صنایعی غیر از صنعت کتاب نویسی و تولید محتوا (صنعت موسیقی، کسب و کارهای کوچک و...) استفاده کنید و آن ها را در رویکرد بازاریابی خودتان اعمال کنید.

۴۲. یک تصویر حرفه ای و متمایز از خودتان به عنوان نویسنده داشته باشید:

از این تصویر در پروفایل هایتان در شبکه های اجتماعی، در انتهای کتابها و محصولات دیجیتال (به همراه شرح حال نویسنده) و مطالب چاپ شده از طرف خودتان، بهره بگیرید.

۴۳. یک معرفی مطبوعاتی داشته باشید:

یک معرفی مطبوعاتی خوب شامل اطلاعاتی می شود که ارزش موضوعی کتاب ویا اثر شما

را برای یک گزارشگر، وبلاگ نویس و خواننده مشخص می کند و باعث می شود آن ها مشتاق شوند تا به اطلاعات بیشتری در مورد کتاب و آثار شما دست یابند.

۴۴. بر روی بهترین آثار خود تاکید کنید:

اگر احساس می کنید که آثار قبلی خودتان هنوز هم مفید هستند حتماً آن ها را دوباره معرفی کنید. برای این کار می توانید از وب سایت، شبکه های اجتماعی و... بهره بگیرید. اگر می بینید یکی از آثار شما پرفروش است و نسبت به بقیه آثار شما طرفداران زیادی پیدا کرده است سعی کنید بیشتر روی آن تمرکز پیدا کرده و بیشتر وقت و هزینه صرف ارتقاء آن محصول نمائید.

۴۵. طوفان ذهنی داشته باشید:

این فرآیند، چه به صورت فردی یا گروهی، باعث می شود هیچ ایده ی خوبی تلف نشود.

۷روش طوفان فکری (Brain Storming) یک ابزار شناخته شده است که به شما در ایجاد راه حل های خلاقانه برای یک مسأله کمک می کند. روش طوفان فکری به ویژه هنگامی بسیار مفید است که شما بخواهید سنت شکنی کنید و الگوهای تفکر تثبیت شده را تغییر دهید طوری که بتوانید به روشی نو به همه چیز بنگرید.

همچنین روش طوفان فکری به شما کمک می کند از اعضای تیم برای راه حلی که در نهایت انتخاب می-شود نظر بخواهید (راه حل هایی که آنها خود ارائه داده اند.) دیگر اینکه از آنجا که روش طوفان فکری جالب است به اعضای تیم کمک می کند با یکدیگر متحد شوند و در محیطی مثبت و پر ثمر مشکلات را حل کنند.

چرا از روش طوفان فکری استفاده می کنیم؟

حل گروهی مسأله به روش قدیمی با مشکلات بسیار همراه است. افراد گروه که اعتماد به نفس بالایی دارند بر اعضای ضعیف‌تر گروه مسلط می‌شوند و اعضایی که اعتماد به نفس پائینی دارند، از بیان آزادانه ی ایده هایشان می ترسند. برخی نیز برای مطابقت داشتن با نظرات گروه تحت فشار قرار می‌گیرند و یا به دلیل احترامی که برای افراد برتر و مسئول قائلند، خود را کنار می‌کشند. به این صورت روش گروهی حل مشکل اغلب بی نتیجه و غیر مؤثر خواهد بود.

طوفان فکری چیست؟

روش طوفان فکری، ادغام یک شیوه ی غیر رسمی و راحت با تفکر خلاق برای حل مسأله است. ابتدا از افراد خواسته می‌شود به نظرات و اندیشه هایی برسند که حتی ممکن است در ابتدا کمی غیر عاقلانه به نظر آیند. هدف این است که برخی از این ایده ها را بتوان به صورت راه حل‌های خلاقانه ارائه داد تا مشکل را حل کرد، یا به ایده های بیشتر و جدیدتری رسید. در این شیوه هدف این است که همه ی افراد شرکت داشته باشند و برای این کار برای افراد انگیزه ایجاد می‌شود تا راه های تفکر معمولی خود را کنار بگذارند.

بنابراین در حین جلسات روش طوفان فکری نباید از ایده ها انتقاد شود. شما سعی کنید احتمالات را در نظر بگیرید و فرضیات غلط در مورد محدودیت‌های مشکل را از میان بردارید. قضاوت ها و آنالیز در این مرحله مانع از ایده سازی خواهد شد. فقط در پایان جلسه ی طوفان فکری می‌توان به ارزیابی نظرات پرداخت یعنی زمانی که با استفاده از روش های قراردادی، راه حل هایی یافت شده است.

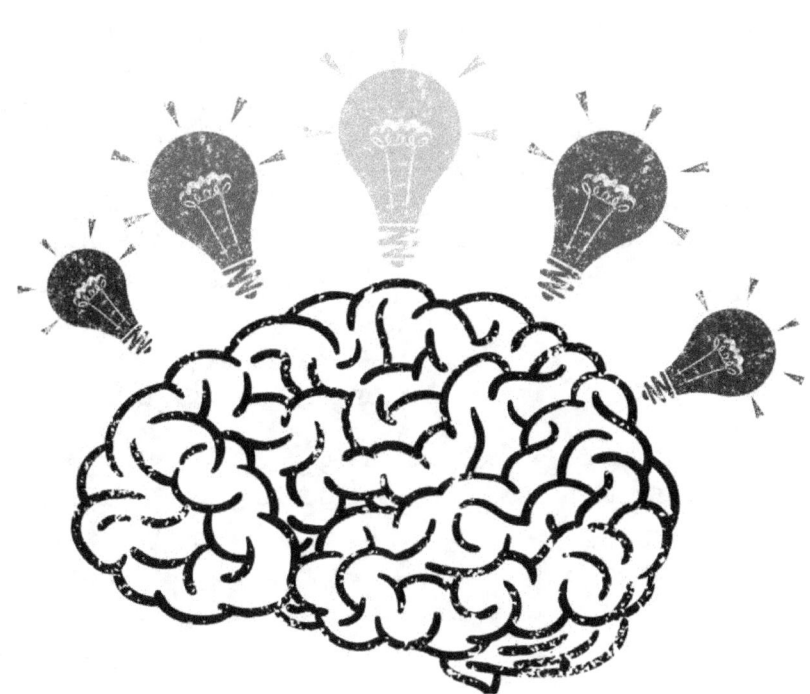

طوفان فکری فردی:

اگرچه روش طوفان فکری در ایده سازی اغلب مؤثرتر از روش معمولی حل مشکل توسط گروه است ولی مطالعات بسیار ثابت کرده که وقتی افراد به تنهایی از روش طوفان فکری استفاده کنند ایده های بیشتر و باکیفیت تری به دست می آورند تا زمانی که گروهی از افراد به طوفان فکری بپردازند.

وقتی شما به تنهایی به طوفان فکری می پردازید ایده های متنوع تری به فکرتان میرسد. تا زمانی که در یک گروه نباشید، شما نگران نظرات و ایده های افراد دیگر نخواهید بود و بنابراین می‌توانید آزادانه نظرات جدیدی را ارائه دهید. برای مثال ممکن است ایده ای که تردید داشتید آن را در یک گروه مطرح کنید، در یک طوفان فکری فردی، به ایده ای استثنایی وخارق العاده تبدیل شود. همچنین مجبور نیستید صبر کنید دیگران ساکت شوند تا شما ایده های خود را مطرح کنید.

اما وقتی به تنهایی به طوفان فکری می پردازید، شاید نتوانید به اندازه کافی ایده را پرورش دهید زیرا تجربه دیگر اعضای گروه را ندارید که کمک تان کند.

طوفان فکری گروهی:

روش طوفان فکری گروهی برای به کار گرفتن تجارب و خلاقیت همه ی اعضای گروه در مورد یک مسأله بسیار مؤثر است.هنگامی که اعضای گروه در سطح یک ایده گیر می کنند، خلاقیت و تجربه ی یک عضو دیگر می تواند آن ایده را یک پله بالاتر ببرد. بنابراین روش طوفان فکری گروهی ایده های عمیق تری را در مقایسه با روش طوفان فکری فردی پدید خواهد آورد.

مزیت دیگر روش طوفان فکری گروهی این است که به افراد دخیل کمک می‌کند احساس کنند در راه حل نهایی نقش داشته اند و به افراد یادآوری می‌شود که اشخاص دیگر نیز می توانند ایده های خلاقانه ای طرح کنند.

روش طوفان فکری در یک گروه ممکن است برای افراد با خطراتی همراه باشد. پیشنهادات با ارزش ولی عجیب در نگاه اول ممکن است احمقانه به نظر برسند. به همین دلیل لازم است همه ی جلسات را به دقت مدیریت کنید طوری که ایده ای از دست نرود و مشکلات معمول در حل مسأله گروهی خلاقیت را نابود نسازد.

چگونه می توان از این ابزار استفاده کرد؟

شما غالباً می‌توانید با ادغام طوفان فکری فردی و گروهی به بهترین نتایج برسید و با مدیریت دقیق این فرآیند و پیروی از قوانینی که در اینجا گفته می شود بهترین نتایج را به دست آورید. به این طریق افراد را وا خواهید داشت که بدون مزاحمت و حواس پرتی بر موضوع تمرکز کنند، به حداکثر ایده هایی که می‌توانید به آنها برسید می رسید و احساس جالب داشتن یک تیم منسجم را خواهید داشت که پس از برگزاری موفقیت آمیز یک جلسه ی طوفان فکری حاصل خواهد شد !

روش طوفان فکری راهی مؤثر و سودمند برای رسیدن به راه حلهای بنیادی برای مسائل است البته تا زمانی که بخوبی مدیریت شود. در فرآیند روش طوفان فکری اصلاً از ایده ها انتقاد نمی‌شود و افراد کاملاً آزادند که نظرات جدید و خلاقانه‌ای مطرح کنند. این موضوع سبب می‌شود جلسات روش طوفان فکری تجربه ی لذت‌بخشی را برای افراد به همراه داشته باشد که برای نزدیک ساختن اعضای گروه بسیار عالی است. استفاده از روش طوفان فکری می‌تواند افراد را به راه حلها متعهد سازد زیرا آنها خودشان در یافتن این راه حلها سهیم بوده اند. بهترین روش برای روش طوفان فکری، ادغام روش طوفان فکری فردی با گروهی است. در روش طوفان فکری گروهی باید قوانینی وضع شوند تا کار راحت‌تر انجام شود.

۴۶. آثار خود را برای همکارهای خودتان مرور کنید:

این کار علاوه بر اینکه باعث شکل گیری یک روابط دوستانه می شود، منجر به افزایش میزان اعتبار شما و خلق فرصت های جدید می شود.

۴۷. قدردان باشید:

هیچ فرصتی را جهت قدردانی از مخاطبانتان از دست ندهید. به برخی از طرفداران همیشگی خودتان نسخه ای از کتاب یا محصول جدید خود را هدیه دهید یا اینکه برای آن ها تخفیف در نظر بگیرید تا به نحوی از حمایت آن ها تشکر کرده باشید.

قدرشناسی مشروط و منوط به توجه، دید و نگرش به درون خود است. بدون یک توجه واقعی نمی‌توان به وجود تعداد بیشماری از رخدادهای تکراری که به نفع ما در جریان است پی برد و آنها را دید...

آن چنان که تحقیقات جدید نشان می‌دهد انسانهای قدردان و سپاسگزار راضی تر،

خوشبخت تر و اجتماعی تر از افرادی هستند که با دقت تمامی جهات منفی زندگی خود را موشکافی و بایگانی می کنند اما جهات مثبت را نادیده می‌انگارند. این ها همچنین کمتر از امراض جسمانی گله مند بوده و به هنگام وجود مشکلات شخصی به یاری یکدیگر می‌شتافتند و بیشتر از دیگران حمایت احساسی و معنوی خودشان را از یکدیگر ابراز می کردند. همچنین بیشتر در کارهای اجتماعی (و عام المنفعه و خیریه بدون چشم داشت مالی شرکت) می کردند. انسان های شکرگزار ارزش کمتری برای مادیات قائلند. آدمی می‌تواند برای بسیاری از چیزها متشکر و قدردان باشد. برای یک هدیه، برای یک حرکت دوستانه، برای زیبائی طبیعت، برای سکوت بعد از سروصدا، برای بدست آوردن دوباره سلامتی، برای نور خورشید و خنده بچّه‌ها. هر چه که ما شکرگزارتر باشیم، دلائل بیشتری هم برای شکرگزاری خواهیم یافت. بنابر تئوری انگیزه ماسلو، روانشناس برجسته، هر کسی قادر به شناسائی و فهم نعمات و آسایشی که از آن برخوردار است نیست.

افراد قدرشناس‌تر آدم‌های راضی‌تری هستند. آنان از زندگی خودشان بیشتر راضی هستند و خوبی‌های همسر را بیشتر می‌بینند و درک می کنند. رضایت از زندگی خود خوشبختی است.

آدمی می‌تواند برای بسیاری از چیزها متشکر و قدردان باشد.

اما چگونه قدرشناس واقعی باشیم؟

قدرشناسی یک مهارت است که می‌توان همیشه آن را آموخت و تجربه کرد. پس به نکات زیر توجه کنید:

تهیه لیست از سپاسگزاری ها

قبل از شروع روز، در انتهای روز یا هر وقت که پنج یا ده دقیقه وقت آزاد دارید، ۱۰ چیزی که به خاطر آنها سپاسگزار هستید را فهرست کنید. حتما لازم نیست که چیزهای بزرگی در این فهرست قرار داشته باشند، فقط به دوروبر خود نگاه کنید و از خود بپرسید، در این لحظه، من از چه چیزی سپاسگزار هستم؟ لباس هایی که مرا گرم نگه می دارند، یک فنجان چای داغ، یک دوست خوب...؟ اگر شما این کار را هر روز انجام دهید، به شما این قول را می دهم که بعد از چند هفته، یا حتی چند روز، احساس خوشبختی بیشتری خواهید کرد.

روزانه ۱۰ دقیقه تمرین حضور در لحظه را انجام دهید

این تمرین را حداقل یک بار در هفته انجام دهید. هر روز ۱۰ دقیقه را به این تمرین اختصاص دهید و روی جایگاه کنونی خود در زندگی متمرکز شوید. به اطراف خود بنگرید. چه چیزهایی را می بینید، حس می کنید، می شنوید؟ وقتی که دچار یک روزمرگی محض می شویم، مانند یک خلبان اتوماتیک عمل می کنیم که ممکن است باعث بی حس شدن، ناسپاسی و تلخ کامی ما نسبت به زندگی شود. تمرین حضور در لحظه، شما را از این حالت خارج می کند و به شما کمک می کند تا زندگی را از زاویه ای روش تر و دلپذیرتر ببینید.

به زندگی بی طرفانه نگاه کنید

صحبت کردن درباره ی این موضوع، آسان تر از عمل کردن به آن می باشد، اما به صورت آگاهانه سعی کنید تا جایی که می توانید بی طرف باشید. آیا شخصی که با او کار می کنید، به همان اندازه که فکر می کنید آزاردهنده است یا شما بیش از حد راجع به این مساله حساس شده اید؟ یک قدم به عقب بردارید و سعی کنید به جای این که به صورت شخصی با مسائل برخورد کنید، از بیرون به شرایط نگاه کنید.

قبل از خواب روزتان را مرور کنید

قبل از این که هر شب به خواب بروید، به چیزهایی خوبی که در روز برای شما اتفاق افتاده اند، فکر کنید. حتی اگر فکر می کنید که هیچ چیز فوق العاده ای اتفاق نیفتاده است، به چیزهایی کوچکی فکر کنید که از داشتن آنها سپاسگزارید. اگر نمی توانید به چیزی فکر کنید، به جستجوی خود ادامه دهید. می توانید به این موضوع ساده فکر کنید: «من عاشق بالشتم هستم!».

افکارتان را بازنگری کنید

بیشتر اوقات به چه چیزهایی فکر می کنید؟ درباره ی چه مسائلی با دیگران صحبت می کنید؟ آیا از این موضوع اطلاع دارید؟ در بیشتر اوقات، بدون این که بدانیم انرژی خود را صرف چه چیزی می کنیم، زندگی خود را می گذرانیم.

یک هفته را به بررسی بی طرفانه ی افکارتان اختصاص دهید، بدون این که آنها را قضاوت کنید. شاید مایل باشید تا این افکارتان را روی کاغذ بیاورید، سپس بعد از تمام شدن یک هفته، به تمرین خود نگاهی داشته باشید.

اگر بیشتر اوقات خود را به شکایت کردن گذرانده اید، یادداشتی ذهنی را ثبت کنید تا عادت های فکری خود را تغییر دهید.

تعریف کردن را جایگزین شکایت کردن کنید

لزومی ندارد که این تمرین را بیش از حد انجام دهید.به هر حال گاهی اوقات انسان نیاز دارد تا خودش را تخلیه کند. اما دفعه ی بعد که خواستید حرف بی فایده و آزاردهنده ای را به زبان آورید، برعکس آن را انجام دهید. سعی کنید تا هر روز از چیزی تعریف کنید. شما احساس شادی و قدردانی بیشتری را تجربه خواهید کرد.

یک نامه قدردانی بنویسید

یک نامه ی قدردانی برای شخصی یا چیزی که شما را آزار می دهد، بنویسید. سعی کنید تا از درسی که از این شرایط می آموزید، سپاسگزار باشید، از آن درس بگیرید. این تمرین به شما کمک می کند تا فرایند تفکر خود را در مسیر مثبتی قرار دهید، و می تواند به شما کمک کند تا چیزهایی را که نمی پذیرید را قبول کنید و از آنها درس بگیرید.

به یاد داشته باشید که قدردانی یک انتخاب است

شما زندگی خود را هدایت می کنید، و شما می توانید انتخاب کنید که چگونه واکنش نشان دهید یا چگونه فکر کنید. اگر شما افکار و نگرش های مثبت را در سر خود بپرورانید، خوشحال تر، سالم تر و راضی تر خواهید بود.

رخدادهای بعد از قدردانی

قدرشناسی رمز موفقیت است،وقتی احساس می کنید قدرتان را می دانند، در شرایط احساسی و عاطفی مقبولی قرار می گیرید. در این شرایط شما به جای آنکه فکر کنید چه چیزهایی در زندگی ندارید یا کم دارید، به آنچه دارید توجه می کنید. وقتی قدرشناس هستیم، اتفاقات زیر را به خانه مان دعوت می کنیم.

رضایت از زندگی را بالا می‌برد

آدم‌های قدرشناس‌تر آدم‌های راضی‌تری هستند، با زندگی خودشان بیشتر حال می‌کنند و خوبی‌های همسر را بیشتر می‌بینند و درک می‌کنند. ایـــن رضایت از زندگی خودش کم چیزی نیست. اصلاً یک جـــورهایی رضایت از زندگـــی خود خوشـــبختی است.

افسردگی را کم می‌کند

قدرشناسی افسردگی را کم می‌کند. می‌دانید چرا؟ راستش را بخواهید افسردگی از یک نوع خودخواهی خیلی عمیق اما خیلی پنهان سرچشمه می‌گیرد. تا وقتی که ما در مقام گیرنده‌ی مطلق باشیم و توقع داشته باشیم همه چیز و از جمله محبت را دودستی به ما تقدیم کنند، معلوم است که افسرده می‌شویم. چون که ذاتاً دنیا این جور جایی نیست که مفتی مفتی و بدون تعامل تو را به چیزی برساند. آدم‌های قدرشناس به این دلیل افسرده نمی‌شوند که این حس قدردانی با آن حس پنهان خودخواهی مقابله می‌کند.

کمرنگ شدن خشم و حسادت

هم خشم و هم حسادت یک جورهایی از ناکامی سرچشمه می‌گیرد. خشم به این خاطر شکل می‌گیرد که ما برای رسیدن به هدف‌مان با مانع روبه‌رو شده‌ایم و حسادت هم به این خاطر که ما دلمان می‌خواسته است در جایگاه یک نفر دیگر باشیم اما الان نیستیم. اما حس قدردانی به معنای رضایت لااقل از جنبه‌های مثبت وضعیت فعلی است. یعنی دقیقاً برخلاف حس‌هایی که به خشم و حسادت دامن می‌زند.

از قدرناشناسی تا قدرشناسی

برای این که یک نفر آدم قدرشناسی شود هیچ‌وقت دیر نیست. قدرشناسی یک مهارت است که می‌شود همیشه آن را آموخت و تجربه کرد.

۴۸. به باشگاه های کتاب خوانی و یا گروه های مختص نویسندگان و تولید کنندگان محتوا ملحق شوید:

بررسی یک کتاب یا محصول از یک بعد کار آسانی است اما وقتی که به این نوع مجامع و گروه ها ملحق می شوید، با تنوعی از تفاسیر و نظرات در مورد آثار خودتان مواجه می شوید که همین امر باعث می شود بتوانید از آن نظرات و راهکارها در ارائه و بازاریابی کتابتان سود ببرید.

۴۹. بازخورد بگیرید:

مطمئن شوید که مخاطبانتان از چند طریق می توانند با شما در ارتباط باشند و از آن ها بخواهید تا بازخوردشان نسبت به اثر شما را با شما در میان بگذارند. نسبت به بازخوردها واکنش نشان دهید، با این کار خواننده ها ترغیب می شوند که در آینده بازخوردهای بیشتری را با شما در میان بگذارند و متوجه شوند که به نظرات آن ها بی توجهی نشده است.

خواسته خودتان را از بازخورد بدانید

درمورد بازخورد هایی که دریافت می کنید، فکر کنید. آیا بیشتر تحسین و تمجید شدن را می پسندید؟ یا ارزیابی عملکرد خودتان نسبت به پروژه یا وظیفه خاصی را دوست دارید؟ یا این که به طور کلی در مورد این که چگونه خود را بهتر کنید و یاد بگیرید، هدایت شوید؟ خانم هین می گوید که دانستن این موضوع کمک می کند تا رویکرد خودتان را شکل دهید.

در زمان واقعی و مناسب بازخورد بخواهید

اگر می خواهید نسبت به کار و وظیفه ای که انجام داده اید و یا برای بهبود پروژه بعدی خود، دید و بینشی را به دست بیاورید، تاخیر زیادی نداشته باشید. بهتر است هر چه زودتر این کار را بخواهید. نباید تلاش کنید که در یک گفت و گو همه بازخورد ها داده شود. سعی کنید با تقسیم بندی و تعامل های بیشتر بازخورد بیشتری بگیرید. همچنین ضرورتی ندارد که از پیش به صورت رسمی برنامه ریزی جلسه ای را داشته باشید.

سؤال های خاص و مرتبط را مطرح کنید

بازخورد گرفتن را با این نوع سؤالات شروع نکنید. هین می گوید مطرح کردن جمله هایی مانند «امکان دارد به من بازخورد بدهید؟» مناسب نیست. زیرا معمولا پاسخ می تواند منفی باشد و شما یادگیری نیز نداشته باشید. او در عوض توصیه می کند که این گونه بازخورد بخواهید: چگونه می توانم کار خود را بهبود ببخشم. در نتیجه شما مشخص کرده اید که از او راهنمایی می خواهید و حداقل می توانید روی یک جنبه ای کار کنید. همچنین می توانید در موقعیت خاص سوال خود را بپرسید: چه کاری می توانم انجام دهم تا به بهتر شدن جلسه و یا ارائه من منجر شود

مثال و نمونه بخواهید

برای دریافت بازخورد مورد نظرتان، ممکن است به مثال های خاص نیاز داشته باشید. گاهی اوقات فرد مورد نظر به ما می گوید «فکر می کنم شما باید قاطعیت بیشتری داشته باشید و یا باید فعالیت خود را در تیم بیشتر کنید.» این جمله ابهام دارد و ما معمولا آن را برچسب زدن تصور می کنیم. در نتیجه زیاد مفید واقع نمی شود. شما می توانید از او سؤال کنید که منظور خود را بیشتر توضیح دهد به عنوان مثال چگونه می توانم قاطعیت بیشتری نسبت به الآن داشته باشم؟ برای داشتن قاطعیت بیشتر چه کارهایی را باید انجام دهم؟

به همکاران رجوع کنید

مدیر شما تنها فرد شایسته برای دادن بازخورد نیست. هین می گوید افرادی که در جلسه همراه شما هستند و یا پروژه و کارهای شما را می خوانند اطلاعاتی دارند که می تواند برای بهبود شما کمک کند. در نتیجه وقتی می خواهید کسی به شما بازخورد بدهد، صرفا به دنبال چارت سازمانی نباشید. بلکه می توانید جهت ها و افراد دیگر را نیز در نظر بگیرید. برای شروع حلقه بازخورد از همکاران خود شروع کنید. به آنها نیز بازخورد داده، در مورد مشاهدات خودتان نظر بدهید و کارهای خوب شان را تحسین کنید. توجه کنید اگر بازخورد بیشتری بدهید، بازخورد بیشتری نیز دریافت می کنید.

در تیم های مجازی سوال بیشتری بپرسید

برای تیم های مجازی بسیار دشوار خواهد بود که بازخورد منظمی را بگیرند، زیرا فاصله فیزیکی مانع تبادل اطلاعات می شود. پیشنهاد می شود که پس وظیفه شما است که سوال بپرسید و ورودی بیشتری بخواهید. هین توصیه می کنیم که به جای اتکا بر ایمیل که معمولا نکات مهم فراموش می شود، تماس بگیرید.

اصولی که باید به خاطر داشته باشید

بایدها

▫ بازخورد مورد نظرتان را بدانید، این که می خواهید هدایت، تحسین و یا نسبت به کاری که انجام داده اید ارزیابی شوید.

◻ در زمان مناسب بازخورد بخواهید. این کار باعث می شود که حلقه بازخورد مناسبی برای پیشبرد شما ایجاد شود.

◻ سوالات خاص را که شامل اطلاعات و مثال های مفید باشد، درخواست کنید.

نبایدها

◻ این که صرفا از مدیر بازخورد بخواهید. به جای این کار از همکاران، کارکنان ارشد و مشتریان نیز نظر بخواهید.

◻ فکر کنید که برای بازخورد حتما به جلسه رسمی نیاز دارید. به طور خلاصه و به صورت غیر رسمی پس از جلسه حتی در آسانسور و یا هنگام خوردن قهوه بازخورد بخواهید.

◻ در تیم های مجازی صرفا به ایمیل متکی باشید. به جای این کار تماس بگیرید.

۵۰. مطالب مرتبط با باز اریابی و معرفی کتاب و محتوای الکترونیک را در شبکه های اجتماعی، وبلاگ ها و وب سایت ها مطالعه کنید:

زمان خود را هدر ندهید و از منابعی که توسط نویسندگان و بلاگر های دیگر جستجو و گردآوری شده بهره بگیرید.

۵۱. در سایت ها و وبلاگ های افراد دیگر به عنوان نویسنده ی مهمان مطالب خود را ارائه دهید:

این روش یکی از بهترین رویکردها برای بالا بردن میزان بازدید آثار خودتان است که خواننده های بیشتری را به سمت کتاب و محصول شما و مطالعه در مورد آن در کتاب فروشی های مجازی سوق می دهد.

۵۲. بازنگری و تجدید نظر کتابت و محصول را سریع تر انجام دهید:

حداقل سه ماه قبل از این که کتاب یا محصول شما چاپ و منتشر شود، فهرستی از منتقدان، بازبین گرها که در حیطه ی موضوعی شما کار می کنند، تهیه کنید، دست نویس های خود را برای آن ها ارسال کنید تا از راهنمایی ها و رهنمون های آن ها بهره بگیرید.

۵۳. یک نشان برای خودتان خلق کنید:

نشانی خلق کنید که تصویر کتاب یا محصول آموزشی، جمله ی کلیدی اثر، و اطلاعات مرتبط با وب سایت و راه های تماس با شما را شامل شود.

۵۴. دوستانه رفتار کنید:

خودتان را معرفی کنید و با صاحبان و کارکنان کتاب فروشی ها و فروشندگان محصولات آموزشی اطراف تان آشنا شوید. با متخصصان حرفه ای در حیطه ی موضوعی مورد نظر خود، در ارتباط باشید. چه کسانی را می شناسید؟ چه کسانی را باید بشناسید؟ از منطقه ی آسایش خود قدم بیرون گذارید و برنامه ای تعیین کنید تا به این افراد دسترسی داشته باشید.

۵۵. خواننده های خود را با مطالب بیشتر اغوا کنید:

اگر یک مجموعه کتاب یا بسته آموزشی می نویسید، یک نمونه ی آزمایشی از برخی بخش های کتاب و یا محصول جدید خود را در انتهای کتاب چاپ شده ی و یا محصول خود قرار دهید تا توجه خواننده ها به آن کتاب یا محصول دیجیتال نیز جلب شود.

۵۶. با سیستم کتاب فروشی های آنلاین همچون Amazon آشنایی کامل داشته باشید و در جهت منفعت خود از آن بهره گیرید:

سایت آمازون مقدار زیادی و تعداد زیادی از کالاها را به فروش می رساند. روش فروش مستقیم آمازون به خریدار با آنچه در بیشتر خرده فروشان بزرگ آنلاین دیگر به جز برای محدوده محصولات روی می دهد، متفاوت نیست. شما قادر به یافتن لوازم آرایشی، لباس، جواهرات، مواد غذایی لذیذ، لوازم ورزش، لوازم حیوانات، کتاب، DVDD، CD، کامپیوتر،

مبلمان، اسباب بازی، وسایل باغبانی، تختخواب و ملافه و تقریبن هر چیز دیگری که ممکن است مایل به خرید آن هستید، می باشید. آنچه که آمازون را به یک غول تبدیل میکند، در جزئیات آن است. در کنار دامنه عظیم محصولات، آمازون به هر تلاش ممکن برای سفارشی کردن تجربه خریدار دست میزند. هنگامی که شما به صفحه اصلی این سایت می رسید، نه تنها پیشنهادهای ویژه و محصولات برجسته را خواهید یافت، بلکه اگر قبلن به سایت آمازون رفته باشید، پیشنهادهایی را که فقط برای خود شماست را خواهید یافت. آمازون شما را با اسم می شناسد و تلاش میکند که فروشگاه شخصی شما بشود.

تکنولوژی های بازاریابی جاسازی شده که آمازون برای شخصی سازی تجربه شما به کار گرفته، احتمالاً بهترین مثال از رویکرد کلی این شرکت به می باشند: مشتری شما را خوب خوب بشناسید. ردیابی مشتری "Customer Tracking" یک "دژ" آمازون است. اگر به این سایت اجازه نصب یک "کوکی" را بدهید، خود را در حال دریافت همه نوع ویژگی های مفید مثل پیشنهاداتی مبتنی بر خریدهای گذشته و لیست بررسی ها و راهنمایی های نوشته شده توسط آن کاربرانی که محصول مورد جستجوی شما را خریده اند، که تجربه خرید شما را جالب می نماید، خواهید یافت.

ویژگی های اصلی دیگری که آمازون را در سطح دیگری قرار میدهد، استراژی چند سطحی تجارت الکترونیکی است که آن به کار گرفته است. آمازون اجازه میدهد تقریبا همه با استفاده از بسترهای نرم افزاری آن تقریبا همه چیز بفروشد. شما می توانید فروش های مستقیم کالا را که مستقیماً توسط سایت آمازون به فروش میرسند، مثل کتاب هایی که در

گذشته در اواسط سال ۹۰ از گاراژ Jeff Bezos فروخته میشد. فقط اکنون از یک انبار خیلی بزرگ حمل میشوند، بیابید. از سال ۲۰۰۰۰، شما همچنین می توانید کالاهای لیست شده توسط فروشندگان شخص ثالث، افراد، شرکت های کوچک، خرده فروشی های چون Target و Toys R Us را بیابید. می توانید وسایل استفاده شده، لوازم مرمتی و حراجی ها را پیدا کنید. ممکن بگویید که آمازون فقط برای فروش کالا روی وب یک مرکز نهایی است، به غیر از این شرکت آمازون اخیراً یک زاویه برونگرای بیشتر به استراژی خود افزوده است.

به علاوه این برنامه وابسته که اجازه میدهد هر که لینکهای آمازون را پست کرد از طریق کلیک بر فروشها کومیسیونی دریافت کند، حالا برنامه ای وجود دارد که اجازه میدهد آن affiliate (که آمازون آنها را "associate" "همکاران" میخوانند) وب سایتهای بی عیبی را بر پایه بستر نرم افزاری آمازون بسازد. آنها (کاربران سایت آمازون) اگر بخواهند میتوانند یک سایت کوچک آمازون، ساخته شده بر "پایگاه داده" حجیم محصولات آمازون و برنامه هایش برای اهداف خود داشته باشند.

تا زمانی که هر خرید از طریق آمازون می رود، شما می توانید سایتی به نام .amazoonish com که محصولات مستقیماً بر روی سرور serverr سایت آمازون چیده، پیشنهادها و راهنماها شخصی خود را نوشته و قسمتی از هر فروش را دریافت کنید. آمازون به تفریح گاه توسعه دهندگان نرم افزار تبدیل شده است.

۵۷. یک مجموعه خلق کنید:

مسلماً این کار، چیزی نیست که تمام تولید کننده ها بتوانند انجام دهند اما اگر امکان پذیر باشد، خلق یک مجموعه، رویکردی بسیار قدرتمند و تاثیرگذار برای جذب خواننده به حساب می آید چرا که باعث می شود خواننده ها به شما وفادار بمانند و فروش شما را در همان روزهای اولیه ی فروش به طور قابل توجهی بالا می برد.

۵۸. کتاب ها و مجموعه های قبلی خود را در کتاب و محصول جدید خود تبلیغ کنید:

یکی از بهترین مکان ها برای تبلیغ آثار قبلی تان در انتهای کتاب یا محصول جدیدتان است، جایی که معمولاً خواننده ها مشتاق هستند تا با کتاب ها و محصولات دیگر شما آشنا شوند.

۵۹. خلق بسته ی معرفی:

این بسته شامل نگاره ها، تصاویر، پیوندها، گزیده ها و نمونه هایی می شود که به درخواست بلاگرها و بازبین نگر ها می توانیم آن را برای آن ها ارسال کنیم.

۶۰. در پادکست ها مشارکت داشته باشید:

تحقیق کنید تا پادکست های دوستانه ی مرتبط با نویسندگی و تولید محتوا را پیدا کنید و یا اینکه از ارتباطات خود استفاده کنید تا پادکست خود را خلق کنید.

پادکست جدیدترین تکنولوژی تولید و نشر محتوای صوتی در اینترنت است. به وسیله پادکست می توان صدای خود را در اینترنت منتشر کرد و می تواند یک رادیو آماتوری شخصی باشد. واژه پادکست از طرف لغت نامه آمریکایی «آکسفورد» به عنوان واژه سال انتخاب شد. این لغت نامه پادکست را اینطور معرفی کرده است: «برنامه ای رادیویی که دیجیتالی ضبط شده و برای دانلود و قرار دادن در دستگاه های شخصی پخش صدا در اینترنت گذاشته می شود.» در لغت نامه اینترنتی ویکی پدیا هم در توضیح کلمه پادکست اینطور آمده است: پادکست یا پادپخش یکی از روش های انتشار پرونده بر روی اینترنت و نام عمومی نوعی برنامه آوایی است که توسط کاربران معمولا روی یک پخش کننده موسیقی دیجیتال و عموما یک آی پاد به شکل یک فایل صوتی ساخته شده، با استفاده از اینترنت روی رایانه های خانگی و یا پخش کننده های دیجیتال پیاده می شود.

ویژگی‌ها

۱. پاد کستینگ بر خلاف سایر روش های ارائه محتوای صوتی که به روش Push Technology کار می کنند، بر اساس روش Pull Technology است. یعنی، در این روش، مصرف کننده بر اساس تقاضای مشخص خود، به محتوای وب دسترسی دارد و مانند رادیو، مطالب به او تحویل داده نمی شود بلکه او آنها را بر اساس نیاز خود تحویل می گیرد.

۲. در این روش، مصرف کننده محتوای مورد نظر را توسط دستگاه های پخش غیر از کامپیوتر استفاده می کند و در زمان استفاده، نیازی به دسترسی به کامپیوتر نیست. معمولا دستگاه های استفاده از پادکست ها بسیار کوچک و قابل حمل است و کاربر در هر زمان و مکانی قادر به استفاده از محتوای صوتی خواهد بود.

۳. محتوا پس از دریافت از اینترنت، بدون نیاز به ارتباط با اینترنت، قابل استفاده خواهد

بود در حالی که در سایر روش ها، نیاز به ارتباط اینترنتی برای استفاده از محتوا است.

۴. در این روش، امکان شنیدن هر بخش از محتوا، جلو و عقب بردن آن، شنیدن محدوده خاص از محتوا و سایر کنترل ها از طرف کاربر ممکن است. کاربر به هر تعداد بار که بخواهد می تواند محتوا را گوش دهد در حالی که در رادیو اینترنتی، چنین امکانی به خودی خود وجود ندارد.

۵. در این روش، نیازی به مراجعه به وب سایت های مختلف برای دسترسی به انواع محتویات نیست و با تنظیم نرم افزار، کپی محتوا به دستگاه پخش آن بطور اتوماتیک انجام شده و کاربر همیشه آخرین و جدید ترین اطلاعات را در دستگاه پخش محتوای صوتی خود خواهد داشت.

۶۱. در کنفرانس ها، رویداد های شبکه ای و مجامع شرکت کنید:

در رویداد ها و کنفرانس های مربوطه شرکت کنید تا با افراد بیشتری ارتباط بگیرید، اعتبار خود را بالا ببرید و افراد تاثیرگذار بیشتری در اطراف خود گرد آورید.

۶۲. پست های الکترونیکی خود را به روز رسانی کنید:

در هر ایمیلی که ارسال می کنید، اطلاعات مرتبط با کتاب یا محصول جدید خود را ذکر کنید و پیوندهای مرتبط با سایت های ارائه دهنده ی کتاب ها و محصولات خود را بیاورید.

۶۳. یک کارگاه در راستای موضوع کتاب یا محصولاتان، برگزار کنید:

این کار باعث می شود تا به آموزش موضوع کتاب یا محصول خود بپردازید و تخصص خود را در ذهن خواننده ها و همکار های خودتان متبلور کنید.

طراحی یک کارگاه آموزشی

برنامه کارگاه، نقشه اجرای گام به گام کارگاه است. بنابراین لازم است براساس برنامه عمل کنیم. با این حال، باید انتظار اتفاقات غیرمنتظره و پیش بینی نشده را هم داشته باشیم. گاهی ارائه یک نظر از سوی یک شرکت کننده باعث تغییر اساسی و حتی حذف یا تفصیل

بخش هایی از آن خواهد شد. بنابراین توجه به معیارهای استاندارد طراحی یک کارگاه آموزشی بسیار مهم است. در زیر تعدادی از این معیارها معرفی شده است:

• تعیین هدف کلی و اهداف رفتاری کارگاه

• اختصاصی بودن کارگاه: به یاد داشته باشیم که چارچوب کارگاه را خود تنظیم کنیم و از کارهای دیگران کپی برداری نکنیم. با وجود مشترک بودن اصول، جزییات هر کارگاه با کارگاه دیگر متفاوت است.

• اطمینان از متناسب بودن فضای کارگاه: نحوه قرارگیری شرکت کنندگان و چینش صندلی ها در فضای اصلی کارگاه می تواند محیطی آرام و مشارکتی ایجاد کند و یا برعکس عمل نماید. علاوه بر فضای اصلی، درنظر گرفتن فضاهای اختصاصی برای بحث در گروه های کوچک تر نیز اهمیت دارد.

• اطمینان از فراهم بودن مواد و وسایل لازم برای برگزاری کارگاه

• داشتن برنامه زمان بندی برای کارگاه:

الف..اختصاص زمان کافی برای هر بخش از برنامه کارگاه (ارائه بحث، کار گروهی، مرور مطالب و...)

ب. در نظرگرفتن زمان استراحت با هدف حفظ و افزایش سطح انرژی شرکت کنندگان در طول زمان برگزاری کارگاه (در کارگاه هایبا مدت بیش از ۱/۵ ساعت، اختصاص زمانی برای استراحت لازم است)

ج. زمان مناسب هر فعالیت: ارائه مطالب مهم و کلیدی، تماشای یک فیلم یا شنیدن سخنرانی در ابتدای برنامه کارگاه و زمان صبح مناسب تر است، در حالی که اگر قرار است فعالیتی بعد از ناهار انجام شود، بهتر است از نوع فعالیت های گروهی باشد تا مانع از خواب آلودگی درافراد شود.

• همراه کردن شرکت کنندگان با برنامه کارگاه: استفاده از روش ها و شیوه های مشارکتی علاوه بر کاهش خستگی در مخاطبان، به تعمیق یادگیری نیز کمک می کند.

• استفاده از چند مدرس: حضور بیش از یک نفر به عنوان مدرس برای ارائه مطالب، علاوه بر کاهش فشار بر یک نفر، می تواند مانور بیشتر برای ارائه بهتر محتوای کارگاه را امکان پذیر سازد.

تهیه مواد مکتوب برای شرکت کنندگان: برای تقویت شرکت فعالانه افراد در برنامه کارگاه و ایجاد فرصتی برای استفاده از منابع مدرس سودمند است و می تواند کپی اسلایدها، متون آموزشی، کتابچه ها و دستورالعمل ها و فرم های مورد نیاز برای عملیاتی شدن مطالب کارگاه باشند.

۶۴. جلدی طراحی کنید که خوب بفروشد:

یک فرد حرفه ای را مامور طراحی جلد کنید تا اینکه جلدی طراحی کند که نه تنها برجسته و چشم نواز است بلکه واضح و صریح باشد.

چگونه یک جلد کتاب یا محصول جذاب و زیبا طراحی کنیم

در ادامه قصد دارم چند نکته مفید و مؤثر در مورد طراحی یک طرح جلد کتاب یا محصول زیبا به شما ارائه کنم. این مطلب با این هدف عرضه شده تا اهمیت ایده مناسب در طراحی یک جلد کتاب یا محصول خوب را به شما یادآوری کند و به شما نشان دهد که داشتن ایده در طراحی مهم تر از نکات تکنیکی و فنی است.

موفقیت تجاری یک کتاب یا محصول عمدتاً بسته به جلد آن کتاب یا محصول دارد و هر چه جلد کتاب یا محصول جذاب تر و زیبا تر باشد این موفقیت نیز بیشتر خواهد بود. اگر به عنوان یک مؤلف به دنبال فروش بالای کتاب خود هستید باید حتماً برای طراحی جلد کتاب یا محصول خود از یک طراح مطمئن و ماهر و خلاق کمک بگیرید.

این چیزی است که مخاطبین را در نگاه اول تحت تأثیر قرار می دهد و همه ما از اهمیت اثر بخشی اولیه آگاه هستیم.

اما چرا از جلد کتاب یا محصول به عنوان یک آیتم با اهمیت یاد می کنیم؟ در این جا برخی از دلایل این موضوع توضیح داده شده است:

۱. جلد یک کتاب یا محصول پیام هایی در مورد این که کتاب یا محصول مورد نظر در اصل حاوی چه چیزی است را به صورت بصری به مخاطب منتقل می کند. جلد کتاب یا محصول حس هیجان را تحریک می کند و کمک می کند تا مخاطب موضوع کتاب یا محصول را پیش بینی کند. در نهایت حس غرور و سرافرازی را در مولف نسبت به اثرش ایجاد می کند. همچنین جلد کتاب یا محصول باید به گونه ای باشد که هنگامی که مؤلف به آن نگاه می کند حس گریه لحظه خداحافظی را در او ایجاد کند.

۲. کتابی یا محصول که در قفسه یک کتابخانه قرار دارد باید تنها در چند ثانیه نظر بیننده را به خود جلب کند! (با فرض این که شما یک نویسنده تازه کار هستید). در قفسه کتابخانه، کتاب یا محصول شما در حال رقابت با کتاب های دیگر است. تنها ابزار شما در این مرحله طراحی جلد کتاب یا محصول است.

۳. یک خریدار اول با نگاه چیزی را خریداری می کند، بعد از آن با کیف پول وارد می شود.

همه ما ویترین مغازه ها را دیده ایم. این نمونه عینی خوبی برای اثبات اثر بخشی مثبت تاثیر بصری است و افزایش تقاضا برای خرید یک کالا است. سپس چیزی که از پشت ویترین دیده اید در حافظه ناخود آگاه شما باقی می ماند و ممکن است بازگردید و آن را خریداری کنید.

بنابراین، هنگام طراحی جلد کتاب یا محصول خود این نکات را به یاد داشته باشید:

۱. ما اهمیت تاثیر دیدن یا اثر بخشی بصری را در افزایش تقاضا ذکر کردیم، پس برای کتاب یا محصول خود جلدی طراحی کنید که مشتری پسند و جذاب باشد.

۲. جدای از جذاب بودن، طرح جلد کتاب یا محصول باید بیانگر موضوع و محتوای آن باشد.

۳. جلد پشتی کتاب یا محصول را نیز جذاب و زیبا طراحی کنید. برخی از افراد هنگام خرید یک کتاب یا محصول به جلد پشت آن اهمیت بیشتری می دهند. همچنین همگام خرید یک کتاب یا محصول، خواننده اغلب به پشت آن نگاه می کند تا ایده و داستان کتاب یا محصول را بفهمد.

۴. در طراحی جلد به مضمون کتاب یا محصول اهمیت دهید. اگر محتویات داخل کتاب یا محصول فلسفی و جدی باشد، در نتیجه یک طراحی کمدی ایده مناسبی برای طراحی جلد این کتاب یا محصول نخواهد بود.

۶۵. رویکردی را برای ارائه‌ی کتاب یا محصول طراحی کنید که کارکرد باشد:

برای ارائه ی کتاب یا محصول خود تنها نباید به معرفی آن در شبکه های اجتماعی و ارسال پست الکترونیکی به دوستان و آشنایانتان بسنده کنید. یک مهمانی بگیرید، یک اجماع منحصر به فرد که مرتبط با مطالب کتابتان یا محصول باشد، با دیگر نویسنده ها تولید کنندگان، برگزار کنید تا آن ها نیز آثار جدید خودشان را معرفی کنند و هیجان مراسم را بیشتر کنند.

۶۶. در سایت های فروش کتاب ثبت نام کنید:

با ثبت نام در این سایت ها هم می توانید کتاب یا محصول خود را معرفی کنید و هم این فرصت برای شما فراهم می شود تا با فروش هر کتاب، شما نیز درامد کسب کنید.

۶۷. در انتهای کتاب خود بخش "ارتباط با نویسنده" را حتما ذکر کنید:

آدرس ایمیل، وب سایت و یا صفحات خود در شبکه های اجتماعی را برای خواننده هایتان ذکر کنید تا از آن طریق با شما در ارتباط باشند.

۶۸. نوشتن و تولید محصول کسب و کار شما است:

مطمئن شوید که حضور شما، حضوری حرفه ای است و برای سرگرمی این کار را انجام نمی‌دهید. اگر خودتان به کارتان تعهد نداشته باشید، چه انتظاری از خواننده های خود دارید.

«حرفه‌ای‌بودن»، ویژگی بسیار اساسی و کلیدی است که غالباً ما نسبت به مفهوم آن ناآشنا و ناآگاهیم. حرفه‌ای‌بودن مفهومی کلی است که در تمامی حوزه‌های زندگی انسان، ساری و جاری است. از یک زاویه‌ی دید می‌توان یک فرد، سازمان، حزب، کشور، یا سازمان بین‌المللی را حرفه‌ای نامید. با نگاهی دیگر می‌توان حرفه‌ای‌بودن را در حوزه‌های مختلف همچون شغل، کسب‌وکار، اخلاق، فرهنگ، سیاست، اقتصاد و امثالهم مشاهده کرد.

۱) دغدغه‌مندی

آن کار برای شما، مسأله و دغدغه است، یعنی شما به هر علت (مأموریت شخصی خود، نیاز مالی، دغدغه علمی و امثالهم) با علاقه و خواست خود پا به عرصه‌ی آن کار گذاشته‌اند و آمده‌اید تا مسأله‌ای را حل کرده و گره‌ای را بگشایید.

۲) جدیت

آن کار برای شما یک مسأله‌ی عادی یا فرعی نیست. برای تفریح یا وقت‌گذرانی هم آن را برنگزیده‌اید. رویکرد شما به آن شوخ‌طبعانه و تفننی نیست بلکه در کار مصمم و جدی هستید و آن را با نظم فراوان و وقت‌گذاری کافی انجام می‌دهید.

۳) دانش و خردمندی

بر آن حوزه‌ی کاری اِشراف فکری دارید. می‌دانید در این زمینه، چه چیزی مهم است و چه

چیزی مهم نیست؛ چقدر مهم است، و کجا و کی اهمیت بیشتر یا کمتری دارد؛ و در یک کلام خلاقانه و آینده‌نگرانه به ارتقای وضعیت اندیشیده و راهکارهای آن را ابداع می‌نمایید.

۴) تجربه فراوان

در اثر تجربه و ممارست فراوان در آن زمینه، درکی عمیق و ژرف یافته و تمامی مهارت‌ها و توانمندی‌های مورد نیاز را به‌دست آورده‌اید. تمامی راه و چاه موضوع را دیده و شناخته‌اید، و قادرید خود را با هر محیط کاری «وفق» دهید و فرهنگ سازمانی آنجا را درک کرده و در صورت امکان ارتقا دهید.

۵) لذت‌بردن

از کار خود لذت می‌برید. کار را صرفاً برای رفع حاجت و گذران امور و به‌صورت بی‌میلانه و انفعالی انجام نمی‌دهید. بلکه دائماً از انجام کار خود، لذت می‌برید و آن را با شوق و ذوق وافر پی‌می‌گیرید.

۶) احترام‌گذاری

برای همکاران خود، مشتریان خود، کارفرمایان خود و در یک کلام سازمان خود، نهایت احترام و ادب را قائلید. احترام گذاری به دیگران برای شما واقعاً ارزشمند است، به‌ویژه برای پیش‌کسوتان، استادان و بزرگان، ارزش و احترام مضاعفی در نظر می‌گیرید. احترام به شوونات محیط کار و رعایت اصول اخلاقی، رشد حرفه‌ای شما را تضمین می‌کند.

۷) یادگیری مستمر

دائماً در کار خود می‌آموزید و در هر مرحله و هر دفعه از انجام کار خود، سعی می‌کنید نکته‌ای را آموخته و دست‌خالی از این تجربه برنگردید. قطعاً نباید به هیچ قیمتی یادگیری شما در این حوزه متوقف گردد.

۸) پشتکار

هیچگاه نومیدی بر شما مستولی نمی‌گردد و به راحتی از میدان بدر نمی‌شوید. به کار خود دلگرمی دارید و از شکست نمی‌هراسید. به‌علاوه همواره متعهدانه قادر به مدیریت بحران‌های سازمانی هستید.

۹) دلسوزی و تعهد

کارهای خود را دلسوزانه و متعهدانه انجام می‌دهید. به کار خود و سازمانتان «تعلق‌خاطر» دارید و کار را از آنِ خود می‌دانید. جوشِ کارتان را می‌زنید و به هیچ وجه بی‌تفاوت یا کم‌توجه به آن نیستید. همواره متعهد به انجام کارتان به صورت احسن هستید.

۱۰) بهره‌وری

بازده کار شما بالاست. اثر بخشی و کارآیی زیادی دارید. ازسرعت و دقت کافی برخوردارید و در کارهایتان خلاقیت و نوآوری به خرج می‌دهید. با هزینه کمتر، ارزش‌افزوده‌ی بیشتری (برای خود یا سازمان تان) ایجاد می کنید (و البته باید حتماً درآمد مناسب و شایسته‌ای نیز داشته باشید). کار شما کیفیت دارد و باعث رضایت سازمان و مشتریان می گردد.

از همین امروز بکوشید تا در زندگی خود حرفه‌ای باشید و با مسایل کاری خود حرفه‌ای برخورد نمایید تا برای خود و جامعه‌تان ثمربخش‌تر باشید و نقش جدی‌تر و اثرگذارتری ایفا نمائید. زندگی و کار در یک محیط حرفه‌ای واقعاً لذت‌بخش است.

۶۹. مطالب خود را در سایت های پیوند ساز ارائه دهید:

اگر در رابطه با یک موضوع منحصر به فرد می نویسید، پس مطالب خود را در سایت های پیوند ساز ارسال کنید، هر چند گاهی امکان دارد این سایت ها درخواست شما را قبول نکنند اما اگر درخواست شما پذیرفته شود تا میزان قابل توجهی بازدید از وبلاگ یا وب سایت شما بالا می رود.

هرچه پیوندهای مناسبتری در سایت داشته باشید می توانید از سایر صفحات وب به سایت خود و افزایش ترافیک سایت دامنه فعالیتهای خود را گسترش دهید.

تأثیرگذاری پیوندها

پی ریزی استراتژی پیوند یکی از مهمترین عناصر ضروری برای بازاریابی در اینترنت به شمار میرود. این کار بسیار وقت گیر است، ولی با توجه به نتایج درخشان حاصل از آن ارزش صرف چنین وقتی را دارد. پیوندها به چندین دلیل مهم اند:

۱. در صورتی که در جای مناسبی قرار گیرند، تعداد بینندگان سایت را حقیقتاً افزایش می دهند.

۲. شماری از موتورهای جستجوی پرکاربرد، معروفیت و شهرت پیوندها را یکی از ملاکهای رده بندی سایتها قرار داده اند. هر چه تعداد پیوندها به سایتی بیشتر باشد، محبوبیت آن نیز بیشتر است، لذا تعدد پیوندها به سایت می تواند اثر در خور توجهی بر رتبه آن در موتورهای جستجو گذارد.

۳. هر چه پیوندهای بیشتری به سایت تان وجود داشته باشند، فرصت های بیشتری پیش می آیند که اسپایدرهای (مکتوب های) موتورهای جستجو بتوانند سایت شما را در جستجوهای شان پیدا کنند.

قدرت ماندگاری پیوندها

هنگامی که برای معرفی سایت خود پیامی را به گروه خبری می فرستید، در واقع با حضور خود و فایل امضایی که در انتهای متن نامه می آید، میزان بینندگان سایت افزایش می یابد، چرا که پیام شما در صدر قرار داشته و اعضای گروه خبری آن را مطالعه می کنند. با گذشت زمان پیام شما تدریجاً به پایین فهرست پیام ها سقوط میکند تا آن که به کلی ناپدید میشود، و در پی آن سطح ترافیک سایت نیز به حالت طبیعی خویش باز می گردد.

سخن مختصری پیرامون پیوندهای دو طرفه

هر اندازه پیوند مربوط به سایت شما در سایت دیگران بیشتر باشد، افراد بیشتری تشویق می شوند از طریق این پیوندها به سایت شما سر بزنند. با این وجود، همیشه این طور نیست که پیوند مربوط به سایت خود را در سایت دیگران قرار دهید. معمولاً دیگران هم انتظار دارند پیوند سایت آنها را در سایت خود قرار دهید. اما مشکل اینجاست که در چنین پیوندهای دوطرفه امکان دارد بازدیدکنندگان سایت شما به سهولت یک کلیک، سایت را ترک گویند. برای آن که این «اثر گریز» به حداقل خود برسد، لازم است پیوندهای متقابل خود را در دو یا سه لایه زیرین سایت قرار دهید. هرگز این پیوندها را بر روی صفحه اصلی خویش قرار ندهید.

آدرس های اینترنتی (URL) ها را بکاوید

ابزارهای بسیاری در پهنه اینترنت وجود دارند، که در یافتن پیوندهای وب سایتها به شما کمک می کنند. از این ابزارها می توان برای یافتن سایتهایی که با وب سایت شما پیوند پیدا می کنند، استفاده نمود. از سوی دیگر، می توان از این ابزارها برای یافتن سایت هایی که با رقبا پیوند دارند، نیز استفاده کرد. این روش برای یافتن سایت هایی که پیوند به سایت شما می تواند بر روی آنها باشد، بهترین روش است، لیکن الآن دست نگهدارید. اجازه بدهید شما را قدم به قدم با روش های افزایش شمار پیوندها به وب سایت تان آشنا کنم.

برای پیدا کردن سایتهایی که لازم است پیوندهایی از آنها بینندگان را به سمت شما هدایت کنند، نخست فهرستی از تمام رقبا تهیه کنید. رقیب می تواند در هر صنعتی که فرآورده ها یا خدماتی همانند شما به همان گروه های جمعیتی موردنظر شما عرضه می کند باشد. از آن جا که اینترنت زمین بازی همواری برای تمامی حرف ها و تجارت ها فراهم میآورد، در واقع شما در این لحظه با انواع و اقسام شرکت های بزرگ و کوچک در سراسر جهان در رقابت

هستید. کسی که برای یافتن اطلاعاتی پیرامون خدماتی که شرکت شما عرضه می کند از موتورهای جستجو استفاده می کند، ممکن است شاهد اسامی شرکت هایی از سراسر جهان در ده اسم نخست فهرست نتایج حاصل از جستجو باشد. پس از آن که فهرست جامعی از رقبایتان تهیه و آدرسهای آنها را جمع آوری کردید، باید ببینید چه سایت هایی دارای پیوند با آنها هستند. ابزارهایی وجود دارند، که برای یافتن سایت های پیوند یافته به سایت شما مفیدند. با استفاده از این ابزارها در بیشتر موارد آدرس خود را وارد می کنید، و سپس این ابزارها فهرستی از سایت هایی که با آدرس شما پیوند دارند، ارائه می دهند، اما از این ابزارها می توان با همین سهولت جهت یافتن سایت هایی که با رقبا دارای پیوند هستند، نیز استفاده نمود؛ اینکار با وارد کردن آدرس آنها در محل تعیین شده امکان پذیر است.

ابزارهای یافتن پیوندهای رقبا

از ابزارهای زیر می توان جهت دست یافتن به فهرستی از سایتها که با وب سایت رقبا پیوند دار استفاده نمود:

www.google.com

برای یافتن محل هایی که رقبایتان با آنها پیوند دارند، تنها کافی است آدرس آنها را در ناحیه جستجو وارد کنید؛ این طور:

link:yourcompettorsdomain.com

تنها آدرس رقیب تان را وارد کنید، و ببینید چه اتفاقی میافتد. (http:// فراموش نشود.) پاسخ جستجو شامل تمام سایت های فهرست شده که به نحوی آدرس مورد نظر در آنها وجود دارد، خواهد بود.

۷۰. یک ضرورت خلق کنید:

از ارسال های رایگان محدود و مدت دار استفاده کنید. در وب سایت خودتان میزبان رقابت هایی باشید، برای مثال مزایا و پیشنهادات ویژه برای خواننده هایی در نظر بگیرید که تا یک تاریخ مشخص کتاب شما را می خرند.

۷۱. با کاسب ها یا تجار محلی در ارتباط باشید:

با صاحبان کسب و کارها و یا فروشگاه ها در ارتباط باشید تا در هنگام معرفی کتاب یا محصول به تبلیغ و ارائه ی پیشنهادات تشویقی شما بپردازند. (این پیشنهادات تشویقی را در وب سایت خود نیز تبلیغ کنید.)

۷۲.زمان بندی معرفی کتاب یا محصول خودرا از طریق راهکارهای متنوع را مدیریت کنید:

سعی کنید ارائه ی مطالب به عنوان نویسنده ی مهمان در صفحات دیگران، مصاحبه ها، مزایای تشویقی، تبلیغات و... همگی در یک زمان اتفاق بیافتد، با این وجود هر رویکرد پشتیبان رویکرد دیگر خواهد بود. «حضور در همه جا» قدرت شما را در خلق یک بازاریابی قدرتمند از طریق معرفی افراد به یکدیگر، افزایش می دهد.

۷۳. در تور بلاگ های مجازی شرکت داشته باشید:

به مجموعه ای از تصاویر، فایل های ویدئویی، تصاویر پانوراما (تصویری که از یک نقطه تمام یا بخشی از افق را پوشش می دهد)، فایل های صوتی، اطلاعات متنی و ... اتلاق می شود که امکان آشنایی بیننده را با یک محیط و یا یک شی به صورت مجازی و بدون حضور فیزیکی فراهم می نماید. هدف از ارائه تور مجازی از بین بردن محدودیت های زمانی و

مکانی است به طور مثال با استفاده از تور مجازی می توان در یک بنای تاریخی به گشت و گذار پرداخت و یا از نمایشگاه یا مکانی که در کشوری دیگر و در زمان گذشته برگزار شده است دیدن نمود.

همه ما تاکنون به صفحه های وب بسیار ابتدایی که تعدادی تصویر کوچک از محیط به همراه یک پلان بر خورده ایم که به عنوان تور مجازی به بیننده ارائه می شود. یک تور مجازی مناسب باید با کاربر تعامل داشته و بهترین اطلاعات را در اسرع وقت و با یک رابط کاربری گرافیکی متناظر با فضای حقیقی در اختیار کاربران قرار می دهد.

۷۴. یک کمپین تبلیغاتی برای محصول و یا کتاب خودتان ایجاد کنید:

به برنامه ریزی هدفمند، اصولی و هماهنگ که یک سازمان برای انجام تبلیغات یک محصول انجام می دهد، کمپین تبلیغاتی می گویند.

روش نوشتن کمپین تبلیغاتی:

▣ کمپین های تبلیغاتی موفق را مورد بررسی و مطالعه قرار دهید. با این کار شما می توانید متوجه شوید که چرا کمپین به موفقیت رسیده است تا بتوانید نقاط مثبت آن را در طراحی کمپین خود مورد استفاده قرار دهید. البته به این نکته توجه کنید که شما قرار نیست همان کاری را که کمپین بررسی شده انجام داده دوباره تکرار کنید. هدف از این کار درک آن است که چه الگوهایی موفق بوده اند و آیا نقاط مشترکی بین آنها وجود داشته است یا خیر.

- مخاطبان هدف خود را شناسایی کنید و مورد مطالعه قرار دهید. شما باید مشخص کنید که خدمات و محصولات شما برای کدام دسته از افراد جامعه مفید است. همچنین باید خصوصیات رفتاری و علایق آنها را شناسایی کنید تا بتوانید در طراحی کمپین خود مورد استفاده قرار دهید. به عنوان مثال باید مشخص کنید که مخاطبان شما دوست دارند با زبان رسمی با او سخن بگویید و یا زبان غیر رسمی و خودمانی.

- تیمی حرفه ای برای طراحی کمپین تبلیغاتی خود انتخاب کنید. شما باید از تیمی حرفه ای و باتجربه استفاده کنید. مهمترین نکته ای که باید در انتخاب اعضای این تیم در نظر گرفته شود این است که اعضای آن باید مسئولیت دیگری نداشته باشند تا بتوانند به طور کامل روی بحث کمپین تبلیغاتی شرکت یا سازمان شما متمرکز شوند و فقط به مباحث آن بپردازند. این کاملا روشن است که اگر نفرات حاضر در تیم مسئولیت دیگری بر عهده داشته باشند، زمان کافی را نمی توانند برای طراحی کمپین شما صرف کنند.

- روانشناسی رنگ ها را مطالعه کنید. حتماً شما هم تا به حال شنیده اید که بعضی از رنگ ها اثری خاص بر مخاطب دارند. به عنوان مثال رنگ سبز سبب به وجود آمدن آرامش در مخاطب می شود. پس رنگ ها را دست کم نگیرید و در مورد آنها مطالعه کنید و از یک متخصص در مورد استفاده از رنگ ها در طراحی صفحه فرود درخواست کمک کنید.

- بیشتر از تصاویر و ویدئو استفاده کنید تا متن. تصاویر و ویدئو راحت تر در ذهن و حافظه مخاطب باقی می مانند. برای همین هم بود که استیو جابز برای معرفی محصولات اپل همیشه از تصاویر و ویدئو بهره می برد و متن کمتر استفاده می کرد. بنابراین اگر می خواهید کمپین تبلیغاتی اینترنتی داشته باشید که مخاطبان به آن توجه کنند و مورد استقبال قرار گیرد، تصاویر و ویدئو را فراموش نکنید.

۷۵. برای اینکه یک کتاب یا محصول جدید تولید کنید از معرفی کتاب یا محصول قبلی دست نکشید:

هر چند شروع معرفی و ارائه ی کتاب یا محصول بسیار هیجان انگیز است اما این کار فقط مختص روزها و هفته های ابتدایی نیست.

زمانی که شروع به نوشتن یک کتاب یا محصول جدید می کنید، برنامه ی خود را طوری طراحی کنید که فعالیت های مرتبط با ارائه ی کتاب و محصولات قبلی شما را هم به طور مستمر شامل شود.

۷۶.کتاب یا محصول خود را به وب سایت های رایگان ارسال کنید و یا اینکه کسی را به خدمت بگیرید که مطالب جذاب شما را به اشتراک بگذارد:

۷۷. از طریق اینترنت و به صورت زنده کتاب یا محصول الکترونیکی خود را برای مخاطبان خود بخوانید:

برای انجام این کار می توانید از مدارس، کتاب فروشی ها، کتابخانه ها و یا دانشکده ها شروع کنید. به خواننده ها این انگیزه را بدهید تا کتاب یا محصول شما را تهیه کنند.

۷۸. با مخاطبانتان به صورت حضوری نیز در ارتباط باشید:

لازم است که از طرق مختلف همچون اجماع نویسندگان، کارگاه های کتاب نویسی، کارگاه‌های تولید محتوا بازدید از مدارس، حضور در کتابخانه ها و جلسات حضوری با خواننده ها و مخاطبان خودتان در ارتباط باشید.

۷۹. از تعطیلات تان نهایت بهره را ببرید:

اگر قرار است برای تعطیلات به یک مکان دیگر مسافرت کنید، بهتر است از قبل تحقیق کنید و در آنجا نیز بازدیدی از کتاب خانه ها، کتاب فروشی ها، مدارس و... داشته باشید.

۸۰. از فایل های ویدیویی استفاده کنید:

در حالی که کتاب را می خوانید، از خودتان فیلم بگیرید و ویدیو را بر روی سایت ها و شبکه هایی همچون Google+، Facebook، YouTube و... بارگذاری کنید.

قدرت ویدیو غیرقابل چشم‌پوشی است و امروزه به عنوان محتوایی مطرح می‌گردد که بیشترین میزان تعامل را ایجاد می‌کند. هزینه‌های تبلیغات ویدیویی، آن‌قدر مناسب است که مقرون به صرفه به حساب می‌آید. راهکارهای بسیاری وجود دارد تا کسب‌وکارها بتوانند به‌واسطه ویدیو روی رشد خود تأثیر مثبت بگذارند. در ادامه ۵ راهکار را عنوان می‌کنیم که در زیرشاخه بازاریابی ویدیویی قرار می‌گیرند:

۱. قرار دادن ویدیو در صفحه فرود

تحقیقات و بررسی‌ها روی صفحات فرود مختلف، نشان داده که میزان نرخ تبدیل صفحات فرودی که در آنها ویدیو به کار رفته، حدود ۸۰ درصد بیشتر از صفحات فرودی است که حاوی متن و تصاویر هستند. از طرفی میزان Time-on-Site صفحه فرود را افزایش می‌دهد که یکی از کمیت‌های مهم سنجش موفقیت صفحه فرود به حساب می‌آید. از طرفی بسته به هدف صفحه فرودتان، ویدیو به شما این امکان را می‌دهد که در زمان کم‌تری، کلی محتوا را به مخاطب خود انتقال دهید.

۲. راحت‌تر می‌توانید مخاطبان دارای موبایل را جذب کنید:

در حال حاضر ۵۰ درصد افرادی که با اینترنت سر و کار دارند، از طریق موبایل‌ها به وب‌گردی و جستجو می‌پردازند. بازدید از محتواهای نوشتاری و عکس‌دار بواسطه موبایل‌ها با کمی محدودیت همراه است و افراد ترجیح می‌دهند که محتوای مورد نظرشان را در قالب ویدیو تماشا کنند. از طرفی، ویدیوها به شما این امکان را می‌دهند که حجم بسیاری از محتوا را یک جا به مخاطب خود ارائه دهید.

۳. محصولات تولیدی خود را حین استفاده نمایش دهید:

نوشتار و تصاویر نمی‌توانند به اندازه ویدیوها، در جذب مخاطب برای فروش یک محصول به کسب‌وکارها کمک کنند. شما می‌توانید با ساختن ویدیوهایی از محصولات تولید شده

توسط کسب‌وکار خود، در کنار نشان دادن آن و کاربردش، مخاطب را مستقیما هدف گیری کرده و او را تشویق کنید که محصول تبلیغ‌شده را خریداری کند.همچنین ایده خوبی است در تبلیغات ویدیویی خود از یک (CTA - call to actionn) استفاده کنید. می‌توانید از یک urll یا هشتگ یا برچسب ساده برای این مورد در نظر بگیرید. این امر موجب افزایش برندینگ و همین طور تاثیرگذار در بحث فروش شما باشد.

۴. از ویدیوها به منظور افزایش میزان تعامل بهره ببرید:

برای مثال می‌توانید یک جلسه سوال و جواب ویدیویی (Q&A) به صورت آنلاین انجام دهید و اطلاعات مورد نظر مخاطبان کسب‌وکارتان را، مستقمیا به آنها انتقال دهید. وبینارها از مواردی هستند که سبب افزایش تعامل مخاطب می‌شوند و کاملا یک راهکار بازاریابی ویدیویی به حساب می‌آیند.

۵. تیزرهای کوتاه برای درگیر کردن مخاطبان

ممکن است که مشتریان قبلی کسب‌وکارتان، شما را فراموش کنند و به همین دلیل لازم است که همواره خود را به آنها یادآوری کنید و ویدیو مارکتینگ از مواردی است که می‌تواند در مسیر معرفی محصولات جدید، به کسب‌وکار شما کمک کند. از محصولات جدید خود، تیزرهای کوتاه با کیفیت بسازید و آن را در هر جایی که امکان دارد، منتشر کنید.

همیشه به یاد داشته باشید که باید به واسطه ویدیو، میزان تعامل را افزایش دهید و در تولید ویدیو، کیفیت از اهمیت بسیار بالایی برخوردار است.

۸۱. کارها و آثار دیگران را نیز ترویج دهید:

اگر شما در ترویج آثار دیگر افراد به آن ها کمک کنید، ارتباطی قوی بین شما و همکارهای تان شکل خواهد گرفت که باعث می شود آن ها نیز آثار شما را معرفی کنند و ترویج دهند.

۸۲. یک آدرس اینترنتی در Bit.ly برای خودتان ایجاد کنید:

Bit.ly نوعی از وب سایت های پیوند ساز خدمت رسان اینترنتی می باشد که به شما این اجازه

را می دهد تا بفهمید چند بار بر روی پیوند مرتبط با سایت شما کلیک شده و مطالب شما در چه جاهایی به اشتراک گذاشته شده است.

بسیاری از ما این روزها از طریق اینترنت ارتباطات بسیاری برقرار می‌کنیم، برای مثال ایمیل‌های منظم و ارسال لینک آدرس‌های اینترنتی برای اهداف مختلف. فرایند کپی و ارسال یک آدرس اینترنتی تقریبا دشوار است، اما ما اغلب با آنٍ دسته آدرس‌های بلندی روبرو می‌شویم که هنگام ارسال آنها به یک ایمیل یا انجمن کاملاً پر خطر به نظر می‌رسند. بیشتر پردازشگرهای توییتر همانند یوروفوکورو(YoruFukurouu) آدرس‌های اینترنتی بلند را برای شما کوتاه می‌کنند اما در مواقع دیگر که احتیاج به کوتاه شدن سایر آدرس‌ها دارید Bilty.com در دسترس می‌باشد. اگر تابحال از بیلتی بازدید نکرده‌اید، با مشاهده آنچه که علاوه بر کوتاه سازی آدرس های اینترنتی می‌توانید انجام دهید شگفت زده خواهید شد.

کوتاه کننده آدرس اینترنتی

اگر هرگز از یک کوتاه کننده آدرس اینترنتی استفاده نکرده‌اید، بیتلی حتی بدون اینکه در سایت آنها ثبت نام کنید این کار را برای شما راحت کرده است. شما می‌توانید آدرس بلند را در قسمت ادرس اینترنتی بیلتی کپی کنید.

بر روی کلید کوتاه کننده آدرس کلیک کنید و اینجا است که آدرس بلند شما کوتاه شده و آماده استفاده می‌باشد. شما می توانید این آدرس کوتاه را کپی کرده و هرجایی دوست دارید از آن استفاده کنید. تا آنجا که من می‌دانم، این نسخه کوتاه شده تا زمانیکه در نت موجود باشد، به آدرس اصلی مرتبط است. اما صبر کنید، چیز بیشتری وجود دارد.

ابزار بیلتی

اگر فکر می کنید به یک کوتاه کننده ایمیل منظم نیاز دارید به سایت بیلتی رفته و در آن ثبت نام کنید. در آنجا ابزارهای مناسبی برای تسریع در فرایند کوتاه سازی آدرس‌های اینترنتی وجود دارد. سری به صفحه ابزار بزنید و دستور العمل‌های لازم را برای افزودن یک بوک مارکلت و یا افزونه‌های مرورگر به مرورگر وب مورد علاقه خود بررسی کنید. با این روش برای دریافت نسخه کوتاه شده خود مجبور به انجام همه فرایند کپی در Bilty.com نیستید.

شما هم‌چنین می‌توانید یک نوار کناری بیلتی به مرورگر خود بیافزایید. این کار بسیار جالبی است زیرا مجبور نیستید آن را به‌عنوان لینکی در حساب کاربری بیلتی خود که در نوار کناری نشان داده می‌شود، اضافه کنید. شما علاوه بر ایجاد نسخه‌های کوتاه آدرس

اینترنتی در نوار ابزار کناری، می‌توانید در مورد لینک بیلتی خود آمار شخصی دریافت کرده، از درون نوار ابزار کناری توییت (Tweet) ایجاد کنید و ببینید چه کسی به آدرس شما در توییتر، فرندفید (FriendFeed) یا نظرات وبلاگ پیوند خورده است.

آدرس‌های اینترنتی سفارشی و گروهی

گاهی اوقات حتی آدرس‌های اینترنتی کوتاه شده به خصوص برای کاربران دانا و زرنگ فن آوری اینترنت کاملا خوب و عالی به نظر نمی‌رسد. در این حالت شما مایل به استفاده از قابلیت سفارشی کردن بیلتی خواهید بود که در آن می‌توانید یک اسم یا برچسب به آدرس کوتاه شده اضافه کرده و آن را قابل تشخیص نمایید.

بنابراین بعنوان مثال هنگامیکه در حال اجرای فرآیند کوتاه سازی یک آدرس اینترنتی هستید، باید بر روی کلید سفارشی سازی کلیک کرده و سپس یک برچسب یا عنوان توصیفی به آن بیافزایید و سپس بیلتی باقی کار را انجام خواهد داد.

اگر مجموعه‌ای از آدرس‌های اینترنتی دارید که می‌خواهید آنها را به اشتراک بگذارید می توانید آنچه را که ((آدرس‌های اینترنتی گروهی کوتاه)) نام دارد ایجاد کنید. بیلتی یک آدرس سفارشی گروهی برای تمام لینک‌هایی که به گروه افزوده‌اید، اختصاص خواهد داد. وقتی فردی بر روی لینک کلیک می‌کند به صفحه بیلتی شما که تمامی لینک‌های قابل دسترسی در آن موجود می‌باشد، خواهد رفت.

اما این صفحه فقط فهرستی از لینک ها نخواهد بود. بیلتی عکسی را دانلود کرده و عنوانی را برای هر لینک مجموعه قرار داده است. اگر عنوان مربوطه مناسب نباشد شما می توانید بطور دستی آن را اضافه کنید. در اینجا مثالی وجود دارد که من آن را برای مجموعه مقاله هایی که نوشته ام قرار داده ام. http://bit.ly/automatorarticle شما می توانید بعدا برگشته و هرگونه لینک اضافی را به گروه ذخیره شده خود بیافزایید.

۸۳. از سایت های تبلیغاتی اشتراک بخرید:

برای مثال از EReader News Today، BookBub، Facebook، Google Adwords و یا سایت های و بلاگ های دیگر استفاده کنید.

۸۴. فروش رایگان:

ارائه ی کتابتان به طور رایگان شاید به نظر خطر پذیر برسد اما در ادامه ی مسیر برای شما فروش بالاتری به همراه خواهد داشت. این ارائه های رایگان می تواند شامل برخی فصل های کتاب به طور رایگان، برخی نسخه های امضا شده ی رایگان و یا چنین چیزهایی شود.

۸۵. طرفدارانتان را تشویق کنید تا محصولات رایگان مانند ایبوک و کتاب الکترونیکی شما را به دوستان خود معرف کنند :

با این کار محصولات دیجیتال شما به راحتی در شبکه‌های مختلف به صورت ویروسی منتشر می گردد و مزیت دوم این راه این است که محصول شما از طریق معرفی دوستان راحت تر مورد پذیرش قرار خواهد گرفت .

۸۶. مفهوم بیان شده در کتاب یا محصول شما را دوباره جهت جذب افراد بیشتر، به عموم منتقل کنید:

مطالب مورد پسند، مفاهیم مفید، نقل قول های انگیزشی، نتایج ارزشمند، نمای کلی فصل ها و یا نکات کلیدی را دوباره برای مثال از طریق ارسال ویدیو در YouTube به دیگران منتقل کنید.

۸۷. اسلایدهای خود را به اشتراک بگذارید:

در اسلایدها به معرفی کتاب و ویدیوهای خود بپردازید و فراموش نکنید که لینک وب سایت خود را به عنوان نویسنده در اسلاید خود ذکر کنید تا بازدیدکنندگان بتوانند با شما در ارتباط باشند.

۸۸. یک تیزر تبلیغاتی تصویری برای کتاب یا محصول خود تهیه کنید و در بالای وب سایت خود نمایش دهید:

در این تیزر تبلیغاتی خلاقیت، شوخ طبعی (اگر لازم باشد) و شخصیت خودتان را به نمایش بگذارید. از تصاویر مونتاژ شده ی بچگانه پرهیز کنید و پیام و برند محصول خود را در ارائه ی کار در نظر داشته باشید. اگر فکر می کنید خودتان توانایی خلق چنین تیزری را ندارید از یک شرکت بخواهید تا چنین کاری را برای شما انجام دهد، البته تنها در صورتی که به این نتیجه برسید که مطمئن شوید هزینه ای که صرف این کار می کنید برای شما سود به همراه دارد.

نکات مهم و اساسی که در طراحی تیزر بایستی مورد توجه شما باشد:

۱. در تیزرتان از اشخاص حقیقی استفاده کنید

اگر نمی خواهید تیزر شما همانند عکس های ثابت و بی جان باشد، از انسانها برای زنده کردن آن استفاده کنید. از آنجائیکه انسانها باهم در ارتباط هستند و نسبت به حس های یکدیگر واکنش نشان می دهند؛ از این رو در شرایطی که اشخاص حقیقی در تیزر شما باشند، بینندگان با آنها هم‌سو می‌شوند و احساس همزادپنداری خواهند کرد.

۲. تیزر شما باید برنامه ریزی درستی داشته باشد

پیشنهاد ما این است که بینندگان خود را با تصاویر متعدد محصولات تان بمباران نکنید. تیزر شما بهتر است داستان لطیفی از ایده های شما در رابطه با کالاها و محصولات تان باشد که از طریق تصاویر به بیننده القاء می شود.

۳. متن (فیلمنامه) تیزر شما بسیار مهم است

در ابتدا مطمئن شوید که متن (فیلمنامه) شما با مدت زمان تیزر مطابقت دارد. جملات کوتاه پربار تأثیر بیشتری را برروی بیننده می گذارد. فراموش نکنید که باید از زمان، نهایت استفاده را ببرید. هدف شما باید این باشد که پیامتان را در کوتاه ترین زمان ممکن با بیشترین تأثیر به بیننده برسانید. بنابراین از جملات پیچیده، نامفهوم و طولانی استفاده نکنید.

۴. رعایت هماهنگی بین صدا و تصویر در تیزر شما از اهمیت ویژه ای برخوردار است

در متن (فیلمنامه) باید بین صدایی که شنیده می شود و تصویری که دیده می شود انسجام خاصی وجود داشته باشد.

۵. در تیزرمان ترغیب بیننده را فراموش نکنید

یکی از وظایف تیزر شما دعوت هرچه سریع تر بیننده به خرید یا مشارکت باید باشد. در تیزرتان بیننده را تشویق به خرید کنید و در عین حال یادتان نرود که راه ارتباط خود را به او نشان بدهید. دادن شماره تلفن، ایمیل و نشانی صریح پستی، بیننده را به سوی شما هدایت می کند.

۶. مدت زمان تیزر را از یاد نبرید

یادآور شدن محدودیت زمانی یک تیزر باعث میشود فراموش نکنیم که در کوتاه ترین زمان با قویترین ذره بین های روانشناسی انسانی و با مختصرترین در عین حال مفیدترین کلام و تصویر باید تیزر ما ساخته شود.

۷. هرگز خود را بی نیاز از مشاوره با کارشناسان فن ندانید

قطعاً شما می خواهید تیزری حرفه ای داشته باشید و این میسر نمی شود مگر اینکه کار را به اهل فن (کارشناسان) واگذار کنید.

۸. تیزر شما باید به دفعات تکرار شود تا تأثیرگذار باشد.

اگرچه تکرار یک تیزر برای شما هزینه زیادی در بر دارد، اما با اینکار شما در ذهن بیننده حک خواهید شد. سعی کنید بیننده، تیزر شما را حداقل دو مرتبه ببیند. هرچه دفعات تکرار تیزر شما بیشتر باشد، بیننده بیشتر تحت تأثیر قرار می گیرد.

۹. در تیزرهای یک محصول/شرکت عناصر کلیدی را ثابت نگه دارید

سعی کنید همیشه از گوینده ثابت، رنگ ثابت، نوشتار ثابت و موزیک متن ثابت استفاده کنید. این کار باعث می شود بیننده با هر بار دیدن تیزر، احساس یگانگی اش با شما بیشتر شود و با آن بیگانه نباشد.

مثلاً به محض اینکه موزیک متن چنین تیزری نواخته میشود، مغز بیننده، به او نام محصول، نام شرکت و حتی شعار تبلیغاتی آن را یادآور میشود و او با گوینده متن، هم صدا می گردد.

۸۹. یک بسته ی مجازی طراحی کنید:

برای خلق این بسته می توانید، یک نسخه ی چاپی، یک نسخه ی الکترونیک و دوره های مرتبط با کتاب یا محصول را به همراه کتاب کار یا ویدیو های مربوطه در کنار یکدیگر گرداوری کنید و برای خریدارانتان گرینه های بیشتری جهت خرید ایجاد نمایید.

بسته های آموزشی به صورت یک پکیج در قالب لوح فشرده مالتی مدیا شده تهیه گردیده است که در برخی رشته های پر مخاطب دارای کتاب آموزشی کارت دسترسی به سامانه یادگیری الکترونیکی و کارت فعال سازی مالتی مدیا به همراه دفترچه آموزشی می باشد.بسته های آموزشی را می توان به عنوان هدیه و به صورت رایگان همراه با پکیج آموزشی ارسال می گردد.

۹۰. طرفدارانتان را تشویق کنید تا کتاب یا محصول شما را معرفی کنند:

طرفداران شما می توانند با ثبت نام در سایت های فروش کتاب یا محصول و پیوند دادن به کتاب یا محصول شما در سایت ها و یا وبلاگ هایشان جهت خرید و بازدید، درآمدی برای خودشان نیز کسب کنند.

شما می توانید از دوستان خود بخواهید که محصول شما را حداقل به ۵ نفر از دوستان خود معرفی نمایند و این می تواند بصورت زنجیره ای به فروش محصولات شما کمک شایانی داشته باشد.

۹۱ مفهوم بیان شده در کتاب یا محصولات خود را دوباره جهت جذب افراد بیشتر، به عموم منتقل کنید:

مطالب مورد پسند، مفاهیم مفید، نقل قول های انگیزشی، نتایج ارزشمند، نمای کلی فصل ها و یا نکات کلیدی را دوباره برای مثال از طریق ارسال ویدیو در آپارات به دیگران منتقل کنید.

۹۲ . اسلایدهای خود را به اشتراک بگذارید:

در اسلایدها به معرفی کتاب و محصول ویدیوهای خود بپردازید و فراموش نکنید که لینک وب سایت خود را به عنوان نویسنده در اسلاید خود ذکر کنید تا بازدیدکنندگان بتوانند با شما در ارتباط باشند.

«پاورپوینت» در اصل نرم افزار اسلایدساز مایکروسافت است ولی به طور مصطلح از نام این نرم افزار به جای اسلاید هم استفاده می شود.

نام این سایت slideshare.net است که به کاربران اجازه می دهد برای خودشان صفحه ی شخصی داشته باشند و بدون پرداخت هزینه، پروفایلی برای شان ایجاد می کند که در صورت علاقه می توانند اسلایدهای خود را در آنجا بارگذاری کرده و با دیگران به اشتراک بگذارند.

از دیگر اطلاعاتی که در اختیار کاربران قرار می دهد این است که می توانند کامنت های کاربران دیگر بر روی اسلایدهای شان را ببینند. همین طور، تعداد دفعاتی که فایل شان دانلود شده، share شده، لایک دریافت کرده و همین طور یادداشت های هر فایل را. این صفحه امکان نمایش اسلایدها را بر روی خودش هم دارد که برای این کار نیازی نیست که حتما قبل از تماشا، آنها را دانلود کنید.

ناگفته پیداست که چنان چه علاقمند باشید می توانید اسلایدهای کاربران دیگر را هم بر اساس نام آنها یا بر اساس «طبقه بندی موضوعی» ببینید و لایک کنید و کامنت بگذارید و حتی برای دیگران sharee کنید.

۹۳ . کتاب یا محصول خود را برای فروش به مکان های مختلف ارسال کنید:

از رویکرد فروش کتاب یا محصول در مغازه های هدیه فروشی، بوتیک ها، گالری ها و دیگر مکان ها بهره بگیرید. شاید صاحبان مغازه به خرید کتاب شما تمایلی نشان ندهند اما اگر بدانند که از فروش کتاب ها و محصولات شما سودی نصیب آن ها می شود امکان دارد پذیرای این امر باشند و آن را برای شما بفروشند.

۹۴. شریک بگیرید:

یکی از بهترین چیزها در رابطه با نویسند کننده محتوا بودن این است که تنها رقابت اصلی شما با خودتان است و «برنده ای» وجود ندارد، بجز خواننده های سیری ناپذیری که کتاب یا محصولی که شما در یک سال یا بیشتر می نویسید را، در چندین ساعت می بلعند. از ارتباطات خود بهره بگیرید تا با نویسنده ها، تصویرگر ها، موسیقی دان ها، طراح ها، متخصصان، خیریه ها، گرو ه های همبستگی و ... در تقابل باشید.

۹۵. از کالای خود به نفع فروش خود استفاده کنید:

به طرفدارهایتان این فرصت را بدهید تا با فروش کالاهایشان که با مضمون کتاب شما مطابقت دارد، در وب سایت شما، کتاب شما را نیز معرفی کنند.

۹۶. از نرم افزار Vine استفاده کنید:

نرم افزار Vine به شما این اجازه را می دهد تا فایل های ویدیویی کوتاه درست کنید و سریعاً
به اصل مطلب بپردازید. یک نرم افزار سرگرم کننده و راحت برای ساخت ویدیو هایی که
می توانند شامل صحنه هایی از فرایند نوشتن شما، برند شما و حتی شخصیت و نگرش
شما باشند.

امروزه نرم افزار ها و شبکه های اجتماعی زیادی برای به اشتراک گذاشتن ویدیو ها و
کلیپ‌ها وجود دارد که به کمک آنها میتوان ویدیوهای خود را با دوستان و اطرافیان به
اشتراک گذاشت و لحظات خوبی را با آنها تقسیم کرد. نرم افزار Vine یکی از بهترین ها و
محبوب ترین ها در این زمینه است که به ما در اشتراک گذاری ویدیو ها کمک می کند.

Vine یک نرم افزار رایگان است که شما با استفاده از آن میتوانید ویدیو ها و کلیپ های ساده و
زیبای خودتان را با دوستان و افراد خانواده به اشتراک بگذارید و بین آنها محبوبیت جذب کنید.

ویژگی های این نرم افزار:

▣ ارسال نامحدود و رایگان ویدیو

▣ ارسال سریع ویدیو ها با vine و سپس اشتراک آن ها در توییتر و فیس بوک!

- مشاهده و جست وجوی افراد نزدیک (در تعامل) به شما
- بررسی روند ارسال ویدیو ها و...
- امکان پین کردن برچسب های جست و جو به صفحه اصلی شما
- امکان روشن و خاموش کردن فلاش دوربین
- دارای نشست و جلسات
- دارای فیلتر محتوای حساس در تنظیمات
- دارای بخش آموزش

این نرم افزار محبوب دارای کاربران زیادی از سیستم عامل های مختلف است که شما نیز می توانید با پیوستن به این شبکه دوستان تان را پیدا کنید، دنبال شان کنید ، ویدیو های آنها را بپسندید ، و ویدیو های خودرا با آنها به اشتراک بگذارید.

۹۷. وقف کنید:

در حرکتی خیرخواهانه کتاب یا محصول خود را به دست افرادی برسانید که در شرایط معمول نمی توانند کتاب یا محصول شما را تهیه کنند. مکان هایی همچون بیمارستان ها، پناه گاه ها، کلیساها، مساجد، کتابخانه، مطب ها و ... .

یکی از دلایل شکوفایی فرهنگ و تمدن اسلامی تجلی روحیه احسان و نیکوکاری، نوع دوستی و خیرخواهی در قالب سنت حسنه وقف و انجام امور خیریه و عام المنفعه است.

وقف کتاب از همان آغاز صدر اسلام به عنوان یک عمل خیر و سنّت نیکو و پسندیده در شماره صدقه جاریه و باقیات الصالحات به حساب می‌آمده است و پاداش و اجر فراوان اخروی و شهرت و نام نیک و جاودانگی یاد و خاطره واقف را به همراه داشته است.

وقف کتاب شاید رایج‌ترین نوع وقف در میان مسلمانان بوده است. از وقف‌نامه های مربوط به کتاب آگاهی های تاریخی بسیاری استفاده می‌شود و نشر آن‌ها زوایای تاریخی بسیاری را روشن خواهد کرد.

علاوه بر این که، این کار در تاریخ اسلام، سهم عمده ای در پیدایش کتابخانه های گوناگون داشت، بیشتر کتاب های خطی اسلامی موجود در کتابخانه های جهان، نتیجه همین عمل خداپسندانه بوده است.

۹۸. فروش پشت سالن:

در سخنرانی ها، همایش ها و یا کارگاه های آموزشی، کتاب خود را معرفی کنید و تعداد مشخصی از کتاب های خود را جهت فروش به همراه داشته باشید.

۹۹. برای فروش اثرتان از وب سایت هایی همچون فیدیبو، کتابراه طاقچه و... استفاده کنید:

همچنین شما می توانید قسمتی از کتابهای خودتان را در شبکه ها ی عرضه رایگان کتاب برای معرفی قرار دهید.

فیدیبو

کتابراه

www.ketabnak.com

www.urbanity.ir

www.takbook.com

www.irpdf.com

www.parsbook.org

www.irebooks.com

www.farsibooks.ir

www.ketabesabz.com

www.readbook.ir

۱۰۰. با فارغ التحصیلان و دانش آموخته های دانشگاه تان از طریق مجازی در شبکه های اجتماعی در ارتباط باشید:

دانشگاه، کالج و یا حتی دبیرستان شما، می تواند منبع بسیار خوبی در نظر گرفته شود.

دانش آموخته های دانشگاه و یا دبیرستان خود را از آثار خود مطلع سازید و اگر می بینید آن ها فهرستی برای معرفی کتاب یا محصول دارند، مطمئن شوید که کتاب یا محصول شما در آن فهرست قرار دارد. حتی می توانید این پیشنهاد را ارائه بدهید که برای دانشکده و یا دانشجویان سخنرانی خواهید کرد.

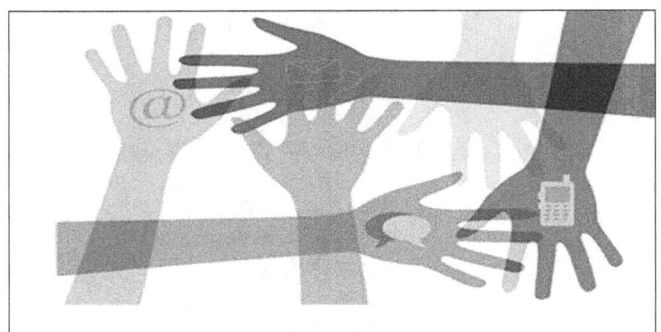

۱۰۱ . لذت ببرید

یک نفس عمیق بکشید و بدانید که همه چیز قرار نیست در یک روز انجام شود. به سه قانون ابتدایی فکر کنید تا اینکه رویکرد ارائه و بازاریابی اثر خود را قالب بندی کنید.

لذت ببرید! شما در حال یافتن راه هایی برای معرفی کتاب و محصولاتتا ن هستید تا اینکه توسط صدها نفر یا شاید هزاران نفر به اشتراک گذاشته شود.

Enjoy it

:)

پزشکی و دندانپزشکی

- تفکر بالینی (شواهد، ارتباطات و تصمیم گیری بالینی) - نویسنده: سمانه رمضانی
- راهنمای بالینی خودمراقبتی دیابت- نویسنده: باقر لاریجانی
- تحلیل بالینی راه رفتن - مترجم: رغد معماریان
- پرسش و پاسخ درباره هپاتیت c - مترجم: شعبانعلی کوهستانی
- راهنمای عملی روزه داری در بیماران دیابتی - نویسنده: محسن خوش نیت
- آموزش نرم افزار MICROSOFT OFFICE WORD ۲۰۱۶ - نویسنده: محمد نیک افروز
- درمان های مکمل و آلترناتیو در بیماری های روماتیسمی - نویسنده: سید محمدرضا نجفی زاده
- ۱۰۱ نکته برای تغییر رفتار در آموزش دیابت - نویسنده: مسعود ارزاقی
- ۱۰۱ نکته در آموزش مدیریت فردی دیابت - نویسنده: مسعود ارزاقی
- رزشیابی جامع برنامه پزشک خانواده در مناطق روستایی و شهر ... -نویسنده: فرشاد فرزادفر
- خشت هایی بهشتی از اخلاق پزشکی - گردآوری: سید جلیل صدر
- چاقی (علل،عوارض و درمان)برای عموم - نویسنده: باقر لاریجانی
- دیابت در زندگی روز مره - نویسنده: ندا مهرداد
- تشخیص و درمان زخمهای وریدی - نویسنده: مجید معینی
- اورژانسهای غدد - نویسنده: باقر لاریجانی
- مقدمه ای بر مهندسی بافت مبانی و کاربردها - مترجم: علی محمد شریفی
- چاقی (علل،عوارض و درمان)برای پزشکان و پیراپزشکان - نویسنده: باقر لاریجانی
- راهنمای مقدماتی درمانهای دندانپزشکی - مترجم: فاطمه درویش
- مشکلات جراحی در ایمپلنتولوژی دهان (علت شناسی ، پیشگیری ،درمان - مترجم: احسان زاهدی
- راهنمای جامع بالینی استیوپروز - نویسنده: باقر لاریجانی
- کاربرد روش آنالیز اجزای محدود در ایمپلنت و دندانپزشکی -مترجم: غلامرضا اصفهانی زاده

- مدیریت مشکلات و شکست های ایمپلنت (علت، پیشگیری و درمان) - مترجم: امید مقدس
- راهنمای بالینی دیابت - نویسنده: باقر لاریجانی
- مباحثی در بیوشیمی دندانپزشکی - مترجم: رقیه پورگورایی
- راهنمای بالینی کمردرد - نویسنده: عبدالهادی ناجی
- افزایش و تقویت استخوان در ایمپلنتولوژی دهان - مترجم: محمدرضا کریمی
- پیزوسرجری اصول و موارد کاربرد - مترجم: امید مقدس
- مواد مخدر از وابستگی تا بردگی - نویسنده: علیرضا بهرامی

دانشگاهی

- حسابداری بهای تمام شده - گردآوری: ابوالفضل امینیان
- شیمی آلی (ویرایش چهارم) جلد اول - مترجم: حسین اعتدالی
- مقدمه ای بر فلسفه تعلیم و تربیت - مترجم: سید مهدی سجادی
- MUSLIMS IN AUSTRALIA - نویسنده: طهمورث بهروزی نیا
- شیمی آلی مقدماتی - مترجم: محمد عبدالهی
- انتگرال های برگزیده - گردآوری: خسرو نفر
- حساب دیفرانسیل و انتگرال - گردآوری: خسرو نفر
- سبک شناسی آثار معماری (از دوره باستان تا عصر مدرن) مترجم: نسترن رضوی
- مشاوره و برنامه ریزی تحصیلی - نویسنده: اکبر قربانی فرد
- برنامه ریزی آموزشی - مترجم: محمدرضا نیستانی
- حیات آزموده (فلسفه پیشرفته برای کودکان) - نویسنده: اکبر رهنما
- روانشناسی شناخت کودکان - نویسنده: امیرعباس میرزاخانی

عمومی

- تیله های رنگی - نویسنده: شیرین حسنی رنجبر
- ۱۲ سال تدریس بیهوده - نویسنده: محمود پیرهادی
- زنان اساطیری - گردآوری: محمد حسین مجدم
- شهدا و اهل بیت (صلوات ا...علیهم) - گردآوری: ناصر کاوه
- هندسه - نویسنده: علی معماریان
- به ندای قلبت گوش کن - مترجم: ایرج مثال آذر
- دستگاه آوانگاری فارسی - گردآوری: علی معماریان
- مدیریت آلاینده های محیط زیست شهری - نویسنده: عبدالرضا کرباسی و ...

- روانشناسی خلاقیت - نویسنده: فاضل برزگر
- نقش زیر ساخت ارتباطی در توسعه فن آوری اطلاعات - گردآوری: سید رحمت طباطبایی
- نقش فن آوی اطلاعات در توسعه جوامع شهری و روستایی - گردآوری: سید رحمت طباطبایی
- نقش فن آوی اطلاعات در توسعه حقوق شهروندی و عدالت اجتماعی - نویسنده: علی حکیم جوادی
- نقش فن آوی اطلاعات در صنایع مختلف - گردآوری: سید رحمت طباطبایی
- نقش فن آوی اطلاعات در توسعه صادرات - گردآوری: علی حکیم جوادی
- نقش فن آوی اطلاعات در توسعه اقتصادی - گردآوری: علی حکیم جوادی
- روند ایجاد و رشد تجارت الکترونیک از ابتدا تا کنون - گردآوری: سید رحمت طباطبایی
- کارکرد مدیریت منابع انسانی الکترونیکی در سازمان های پیشرو - گردآوری: حمیدرضا کریمان پور
- دنیای فن آوری اطلاعات و ارتباطات (مجموعه مقالات) - گردآوری: احمد شریفی
- یادداشتهای خوب برای مدیران خوب - گردآوری: رضا زمانی
- جوهره مدیریت استراتژیک ،آنچه ضامن تداوم کسب وکارهاست - مترجم: حمید رضا سعیدی

کودک و نوجوان

- باران الفبا(کمک آموزشی فارسی اول ابتدایی(- نویسنده: مرضیه خداوردی
- هزارپاوهزار کفش قشنگ - امین آقایی
- شهاب وجشن تولد مهتاب - امین آقایی
- آموزش طراحی به دبستانی ها - نویسنده: ماشاء الله صادقی
- جنگلبان - نویسنده: مریم سعیدی
- بچه ها من انارم - نویسنده: حسن نادری
- من توت فرنگی هستم - نویسنده: حسن نادری
- آهای بچه ها منم سیب - نویسنده: حسن نادری
- بچه ها منم انگور - نویسنده: حسن نادری
- بچه ها منم پرتقال - نویسنده: حسن نادری
- بچه ها منم گلابی - نویسنده: حسن نادری

لیست تعدادی از محصولات دیجیتال این موسسه که توسط مرکز توسعه فن آوری اطلاعات و رسانه های دیجیتال وزارت فرهنگ و ارشاد اسلامی مجوز نشر دیجیتال دریافت نموده است :

- آرامش فوق العاده
- خشت اول نقشه راه موفقیت کسب و کارهای کوچک
- مهارت های سخنرانی بداهه
- کاریزمای کلمات
- تند خوانی فانتوم
- چگونه استرس خود را کاهش دهیم
- تند خوانی فانتوم
- سیستم سازی در کسب و کارا
- مجموعه آموزش سخنرانی و فن بیان
- کتاب صوتی ماهیگیری در باتلاق
- چطور بدون لهجه صحبت کنیم؟
- ارتباط موثر پیشرفته
- مدیریت زمان،انرژی و تمرکز
- میخکوب کردن مخاطب در سخنرانی
- فتح قله های متقاعد سازی
- کنترل کم رویی،کم حرفی و خجالت کشیدن
- مهارت خوب صحبت کردن و ارتباط موثر(۲۱ تغییر کوچک ۲۲ نتیجه بزرگ)
- فیلم سمینار بزرگ مدرسه استادی
- مدیریت ترس از سخنرانی
- فیلم سمینار بزرگ مدرسه استادی
- اندیشه های ثروت آفرین
- مشکلات جراحی در ایمپلنتولوژی دهان
- کاربرد روش آنالیز اجزای محدود در ایمپلنت و دندانپزشکی
- مباحثی در بیوشیمی دندانپزشکی
- پیزوسرجری اصول و موارد کاربرد

I0481393